3ª edição

VIVEKA-CHŪDĀMANI

A Joia Suprema da Sabedoria

Título do Original:
VIVEKA-CHŪDĀMANI
Crest-Jewel of Wisdom
da Edição de Mohini M. Chatterji, 1932.
com texto em inglês e devanagari
The Theosophical Publishing House
Adyar, Chennai, Índia

Edição em português
1ª edição 1992
2ª edição 2011
3ª edição 2020

Capa: Fernando Lopes

SIG - Quadra 6 - Lote 1235, 70.610.460 - Brasília-DF, Brasil
Tel.: (61) 3222-7843
E-mail: editorateosofica@editorateosofica.com.br
Site: www.editorateosofica.com.br

S111 *VIVEKA-CHŪDĀMANI*
ŚANKARĀCHĀRYA

Brasília, 2020
ISBN 978-85-85961-61-9

CDD 212

Revisão: Jane Dullius, Alberto Brum e Zeneida Cereja da Silva
Diagramação: Reginaldo Mesquita
Impressão: Gráfika Papel e Cores - Fone: (61) 3344-3101
E-mail: papelecores@gmail.com

ŚANKARĀCHĀRYA

VIVEKA–CHŪDĀMANI
A JOIA SUPREMA DA SABEDORIA

Tradução /Comentários
Murillo Nunes de Azevedo

Editora Teosófica
Brasília-DF

Sumário

Prefácio à Edição Brasileira 7

Nota 9

Introdução – Murillo Nunes de Azevedo 11

Viveka-Chūdāmani, com comentários 15

Prefácio à Edição Brasileira

A *Joia Suprema da Sabedoria* (*Viveka-Chūdāmani*) é um dos mais importantes textos do pensamento oriental. Seu foco central é *viveka*, um profundo discernimento que revela a identidade entre a Vida presente no homem *(Ātman)* e o Todo universal (*Brahman*). Essa percepção transformadora é a sabedoria não dual. A natureza da Realidade "deve ser conhecida pela clara percepção espiritual" (aforismo n° 56).

Neste texto, Śankara apresenta-nos uma visão geral do seu pensamento e os princípios fundamentais da filosofia *Vedanta Advaita*, da qual foi o seu mais destacado expositor. É uma excelente obra para quem deseja conhecer e estudar a tradição da Vedanta, que surgiu e foi sistematizada bem antes de Sócrates ter nascido na Grécia.

Ele viveu em um período de apogeu da criatividade filosófica da Índia clássica. Foi um dos grandes pensadores do Oriente e a chama do ensinamento *Advaita* (não dual). Era a época dos *sūtras*, do *Yoga*, da difusão dos *Upanishads* e das escolas filosóficas da Índia (Darsanas). Após encontrar Gaudapada, o autor dos comentários ao *Māndukya Upanishad,* foi treinado no *Yoga* por Govinda Yogi – que é um outro nome para Patañjali.

Segundo informações da tradição hindu e de Blavatsky, em *A Doutrina Secreta*, Śankara nasceu logo após o período em que viveu Buda. Na essência, sua filosofia era um complemento metafísico para a ética budista. O destacado pensador vedantino T. Subba Row, em sua obra *Esoteric Writings* ("Sri Śankaracharya's Date and Doctrine"), usando dados históricos da Índia e instruções de Iniciados da Índia e Tibete, diz que Śankara revestiu-se de um corpo humano 51 anos após o Nirvana do Buda.

A Vedanta é derivada dos *Brahma-Sūtras* e da filosofia dos

Upanishads. Na Vedanta *Advaita* de Gaudapada e Śankara, *Brahman* é a única Realidade. O Espírito em nós (*Ātman*)[1] é idêntico ao Ser universal. Tudo é *Brahman*, o Uno sem segundo, o Todo não dual (*advaita*).

Para Śankara, *Ātman* é imutável, não individual, eterno e a Verdade suprema. E o mais profundo discernimento (*viveka*) é aquele que nos revela esta identidade de *Ātman* com o supremo Espírito. Esta percepção é a espada da Sabedoria que corta as ilusões criadas pelo pensamento.

Além do *Viveka-Chūdāmani*, Śankara escreveu vários outros textos, entre os quais os *Comentários ao Mandukya Karika* de Gaudapada, *Comentários ao Bhagavad-Gitā*, *Ātmābodha, Aparokshānubhuti*, *Hinos*, *Dakshinamurti*. Também lhe são atribuídos os *Comentários aos Brahma-Sūtras* e os *Comentários aos Upanishads*. Sua *Obras Completas* (em sânscrito) é composta de 10 volumes.

[1] *Ātman* ou *Ātmā*. (N.E.)

NOTA

Devido à Língua Sânscrita ser muito rica e possuir um vocabulário bastante diverso das línguas ocidentais, as traduções, principalmente de textos de conteúdo filosófico como este, por vezes apresentam-se um tanto diferenciadas. Por este motivo, considerou-se conveniente e importante cotejar o texto de Mohini M. Chatterji com outras versões. Assim, quando outras traduções (ou notas explicativas) apresentaram-se esclarecedoras, partes destas foram acrescentadas ao texto, entre colchetes [ ] ou como notas da edição (N.E.).

Foram utilizadas as seguintes edições:

– *Viveka-Cūdāmani*, tradução de Swāmi Mādhavānanda. Advaita Ashrama, Calcutta, 1989.
– *Vivekachoodamani*, tradução de Swami Chinmayananda. Central Chinmaya Mission Trust, Bombay, 1989.
– *Viveka Churhamoni*, tradução de Swami Vijoyananda. Editorial Kier, Buenos Aires, 1980.
– *Viveka Chudamani*, tradução de Júlio Pardilia. Visión Libros, Barcelona, 1982.
– *Viveka-suda-mani*, tradução de Roberto Plá. Editorial Sirio, Malaga, 1988.

Nas traduções apresentadas nas notas utilizou-se, principalmente, uma associação das duas edições indianas em inglês (e que contêm o texto em Devanagari).

Introdução

Este livro é uma das mais valiosas obras da raça humana. *O VIVEKA-CHŪDĀMANI* (*A Joia Suprema da Sabedoria*) deve ser lido cuidadosamente. Foi escrito sob a forma de um diálogo entre um discípulo e seu Mestre, e nos revela as culminâncias da realização espiritual que estão a nossa espera.

O seu autor, Sri Śankarāchārya, foi um dos grandes pensadores da Índia. É controvertida a data de seu nascimento, havendo imprecisão na abordagem de diversos autores sobre este assunto. Ainda muito jovem, foi entregue ao treinamento de Govinda, que foi um discípulo de Gaudapāda. Com avidez absorve todos os *Vedas* e os princípios da Vedanta *Advaita* (não dualista). A Vedanta é uma das escolas tradicionais da filosofia da Índia (Darsanas). É considerada como sendo a culminância do pensamento expresso pelos *Vedas*. A tradição antiga da Índia conhecida como *Brahmanismo* havia entrado em decadência com a mecanização dos seus rituais e o estabelecimento de normas rígidas de estratificação social através da deturpação do conceito das castas. Foi então que no século VI a.C. nasceram os chamados movimentos de protesto que buscavam revitalizar a tradição antiga através de novos caminhos. É o período onde nasceram o Budismo, o Jainismo e a escola materialista dos Carvakas. O Budismo, com sua amplitude de pensamento, praticamente assumiu uma posição importante na Índia, ultrapassando a antiga tradição *Brahmânica*. Mas, com a Vedanta, o Hinduísmo restabelece, em formas novas, a antiga tradição dos *Vedas*.

O Professor Sri Radhakrishnan, na sua obra *Indian Philosophy*, sintetiza o pensamento de Śankara nos seguintes pontos:

- Nossos sentidos podem nos iludir.
- A nossa memória é uma ilusão, porque é o registro parcial

das experiências do passado.

- As formas do mundo são pura fantasia.
- O ego é autoestabelecido e diferente de tudo mais, seja físico ou mental.
- *Ātman* é existência (*Chit*), consciência (*Sat*) e bem-aventurança (*Ananda*). É universal e infinito.
- O mundo objetivo é dependente. É um processo em constante mutação.
- O mundo não é inexistente, nem um vazio. O mundo não é a Realidade última.
- Nossa ignorância nasce da confusão entre o sujeito transcendental (*Ātman*) e a existência empírica (*Anātman*).
- Quando analisamos o mundo do ponto de vista cósmico, vemos que o mundo é preso pelas categorias de espaço, tempo e causa.
- Como base e raiz de toda experiência, temos *Brahman*, que é diferente do mundo espaço-tempo-causa. Nada é semelhante a Ele, nada é diferente. É não empírico, não objetivo, completamente outro, mas não é o não ser. É o Ser mais alto. O mundo depende de *Brahman*, mas *Brahman* não depende de nada.
- A ignorância afeta todo o nosso ser. Removê-la é realizar a Verdade. Quando o erro é retirado brilha a Sabedoria.
- A Verdade absoluta é *Brahman*. *Nirguna Brahman* é sem qualidades. *Saguna Brahman* é *Īshvara* (Deus), o Criador e Governador do Universo empírico.
- Pela prática das virtudes éticas e pela devoção e conhecimento, podemos atingir a meta da autorrealização (*Moksha*).
- *Moksha*, autolibertação ou liberdade, é a direta realização da Verdade que existe desde a eternidade.
- Ao conquistarmos a libertação, nada acontece ao mundo. Somente mudam os nossos pontos de vista. *Moksha* não é a

dissolução do mundo, mas a troca de uma visão errada pela certa (*Vidyā*).

Śankarāchārya morreu na localidade de Kedarnath aos 32 anos. Criou quatro mosteiros para difundir a sua mensagem, sendo o principal o de Sringeri em Mysore. Os outros estão situados em Puri (leste), Dukara (oeste) e Badirinath (ao norte dos Himalaias). Em sua curta vida, Śankara revelou-se gênio em vários campos de atividade. Foi filósofo, poeta, sábio, santo, místico e reformador religioso. Mas, acima de tudo, foi um homem universal, um exemplo para os homens em todas as épocas.

Murillo Nunes de Azevedo
Rio de Janeiro, 1992.

Viveka–Chūdāmani

A Joia Suprema da Sabedoria

1 – Eu me prostro diante do verdadeiro Instrutor – diante daquele que é revelado pelas conclusões de todos os sistemas da filosofia Vedanta, mas que em si é desconhecido, Govinda a suprema bem-aventurança.[2]

COMENTÁRIO – Neste primeiro versículo, Śankarāchārya mostra a importância do verdadeiro instrutor, daquele que nos poderá levar ao que é desconhecido: *Ananda*, a verdadeira bem-aventurança. Aquela paz fundamental que mora no âmago de toda criatura, mas que não é percebida em virtude da superficialidade e automatismo em que vivemos nossas vidas. Reverencia o seu Guru: Govinda, que lhe abriu o caminho da Liberação.

2 – Dentre as criaturas sensíveis é difícil alcançar o nascimento como ser humano; dentre os seres humanos, nascer homem; quando homem, ser um *Brāhmana*; sendo um *Brāhmana*, desejar seguir a senda do *dharma védico* e entre esses aprender verdadeiramente. Mas o conhecimento espiritual que discerne entre o Espírito e o não espírito, a realização prática da fusão com *Brahmātman* e a emancipação final dos grilhões da matéria são inatingíveis, exceto por um *karma* de centenas de milhões de encarnações.

COMENTÁRIO – Reflitamos sobre a imensa quantidade de seres visíveis e invisíveis que existem nos inumeráveis mundos que constituem o Universo. Como é difícil ser humano! Mas o fato de sermos seres humanos não significa que alcançamos a plenitude desse estado, que, no dizer do psicólogo Carl Gustav Jung, chegamos à "individualização". Pouquíssi-

[2] Em outras traduções; "Eu me prostro ante Govinda, cuja natureza é suprema bem-aventurança. Ele é Sadguru [Instrutor supremamente qualificado], a quem só se pode conhecer quando se realiza por completo a essência da Vedanta, e que está além do alcance da fala e da mente". (N.E.)

mos são os que conseguem esse objetivo, pois a imensa maioria constitui o "rebanho" que é tocado pelos acontecimentos, vive e age em função de reflexos condicionados. Simples marionetes manipuladas pelas circunstâncias. Ainda é mais difícil ser um *Brahmana*, alguém que alcançou a mais elevada estatura espiritual. As quatro castas tradicionais da Índia estão vinculadas não às circunstâncias do nascimento, mas à essência do ser de cada um. Mesmo para os que sejam realmente *Brahmanas* há a dificuldade de desejar efetivamente seguir o *dharma* como expresso nos *Vedas*. O *dharma* é Lei, Ordem, Justiça. É a linha de menor resistência que, uma vez seguida, nos permite alcançar a libertação dos laços do *karma*. Mas o texto nos adverte da dificuldade do verdadeiro aprendizado. A fusão com a centelha suprema que está dentro de nós, o *Brahmātman*, é algo de suprema dificuldade, pois depende fundamentalmente do *karma* de cada um. E para que isso ocorra são necessárias centenas de milhões de encarnações.

3 – Humanidade, desejo de emancipação e orientação espiritual de grandes Homens são muito difíceis de alcançar, pois são adquiridos somente pela bondade dos Deuses (*Devas*).

4 – Aquele que com dificuldade adquiriu uma encarnação humana e nela a plena maturidade como homem, o que lhe permite o conhecimento das Escrituras, e que, devido às ilusões, não trabalha pela emancipação, é um suicida, autodestruindo-se ao tentar alcançar objetos ilusórios.

COMENTÁRIO – As ilusões dificultam a concretização daquilo que é fundamental: a libertação. O homem que se deixa envolver por elas é um verdadeiro suicida, ao se destruir na tentativa de alcançar algo puramente ilusório.

5 – Quem nesta Terra tem a alma mais morta do que aquele que, tendo obtido uma encarnação humana e um corpo masculino, luta loucamente para alcançar objetos de maneira egoísta?

COMENTÁRIO – São muitos os "mortos" em vida. Verdadeiros zumbis da tradição do Haiti, que perdem a grande oportunidade oferecida por uma encarnação humana na busca ilusória de prazeres fugazes. Reflitam sobre isso profundamente.

6 – Ele pode estudar as Escrituras, invocar com sacrifícios os deuses, executar cerimônias religiosas ou oferecer devoção aos deuses e, todavia, não alcançar a salvação mesmo durante a sucessão de centenas de *Brahmayugas*. Isso só se dará pelo conhecimento da união com o Espírito.

COMENTÁRIO – Não é através da simples repetição mecânica de atos religiosos desprovidos de conteúdo que alguém alcança a libertação. O simples frequentar assíduo a templos, igrejas, mesquitas não leva a lugar algum. Só a união, a experiência direta, a vivência, a percepção do Eterno, nascidas do que está além da memória, da mente e suas artimanhas, dos castelos de nuvens dos pensamentos, permitem alcançar o grande objetivo.

7 – A imortalidade alcançada através da obtenção de qualquer condição objetiva (tal como a de um deus) está sujeita a findar, pois está claramente estabelecido nas Escrituras (*Shruti*) que o *karma* nunca é causa da emancipação.

COMENTÁRIO – A condição de um deus é alcançada pelo longo processo evolutivo através da obtenção de um certo tipo de *karma*. Convém esclarecer que a Teosofia – a Filosofia Perene – admite uma infindável sucessão de seres resultantes de causas e efeitos sucessivos (*karma*). Esse *karma* – energia acumulada – é uma hereditariedade, uma predeterminação que leva a certos estados de ser. Ser deus (com letra minúscula) é ser uma força da Natureza, uma lei, parte do grande conjunto da Lei Suprema. Os hindus denominam essa Lei de *Dharma*, os chineses, de *Tao*. Mas fique claro que não é através do *karma* que se alcança a emancipação. O *karma* está sujeito ao tempo, enquanto que a libertação é atemporal.

8 – Portanto, o homem sábio luta para alcançar a salvação, renunciando ao desejo de desfrutar os objetos externos, recorrendo a um verdadeiro e grande Instrutor e aceitando seu ensinamento com a alma inabalável.

COMENTÁRIO – O abandono, a renúncia aos objetos externos é fundamental. A grande questão é encontrar o verdadeiro Mestre, o Diretor espiritual que nos dará auxílio e inspiração para que caminhemos com nossos próprios meios. É Ele que dá o "toque" transformador e produz a introspecção que nos leva ao Reino de Deus. Mas se não quiserem usar a palavra Deus, fortemente contaminada por conotações psicológicas de todos os tipos, usem em seu lugar o Real, o Absoluto ou Aquilo, como dizem os hindus.

9 – E pela prática do reto discernimento alcançado na senda do *Yoga*, ele salva a alma – a alma afogada no mar da existência condicionada [*samsāra*].

COMENTÁRIO – A alma está afogada, impregnada, imersa, contaminada pelo condicionamento resultante do processo de vir-a-ser, do *samsāra*, como dizem os hindus. O Nirvana é a libertação desse processo, e só pode ser alcançado pelo correto discernimento. Discernir é perceber o erro, a ilusão, a ignorância que nos impede de perceber o que É, chamado por Jiddu Krishnamurti de "presente ativo". É a percepção do aqui e agora, do atemporal, do Eterno que está na "caverna" do nosso coração, como dizem os místicos de todas as épocas e raças.

10 – Após abandonarem todo o *karma* com a finalidade de remover os liames da existência condicionada, esses homens sábios, com mentes resolutas, podem tentar alcançar o conhecimento de seu próprio *Ātman*.

COMENTÁRIO – *Ātman* é a centelha, a mônada, o centro mais sutil em torno do qual tudo o mais se congrega. *Ātman* é idêntico ao Absoluto

(*Brahman*) onde tudo está enraizado. Só o abandono – a extinção ou a rápida fruição – de todo *karma* (energia acumulada em incontáveis encarnações) pode produzir o Conhecimento. Entende-se por Conhecimento a identificação total da criatura com Aquilo de onde se origina.

11 – As ações são para a purificação do coração e não para a conquista da Substância Real. A Substância pode ser alcançada pelo reto discernimento e não por qualquer porção de *karma*.[3]

COMENTÁRIO – A ação tem uma importante função no processo de purificação do coração (do âmago, do recesso), mas, diz o texto, a substância não pode ser alcançada pelo *karma*. O discernimento reto é o único meio que pode permitir essa conquista.

12 – A percepção do fato de que o objeto visto é uma corda removerá o medo e o sofrimento que resultam da ideia ilusória de que é uma serpente.

COMENTÁRIO – Essa pequena estória do pedaço de corda que é identificado pelo observador apressado como sendo uma serpente está repleta de sabedoria. A maioria das coisas não é o que pensamos ser. O elevado nível de condicionamento, produto da educação, do hábito, da cultura em que estamos inseridos, nos faz perder a "visão direta" da coisa observada. Daí, ao vermos uma sombra, nasce o medo e o sofrimento.

13 – O conhecimento de um objeto é conquistado somente pela percepção, investigação ou instrução,[4] e não através de banhos purificadores, de dar esmolas ou de centenas de retenções da respiração [*pranayamas*].

[3] Em outras traduções: "As ações (não egoístas) conduzem à purificação da mente, mas não à percepção da Realidade. A descoberta da Verdade é obtida pelo discernimento e nunca através de milhões de ações (*karma*)". (N.E.)

[4] Em outras traduções: "A convicção sobre a Verdade pode ser obtida através do raciocínio sobre os saudáveis conselhos de um sábio,..." (N.E.)

COMENTÁRIO – O conhecimento é algo que decorre da percepção direta – o contato com a essência da "coisa" em si. Para isso de nada servem os puros exercícios externos. O processo de onde decorre esse mergulho na Realidade transcendente não é lógico, nem decorre de ações puramente mecânicas. O Budismo *Zen*, ao mencionar *Satori* (Iluminação), está apontando para algo que está além da mente conceitual. Igual posição tem o Budismo da Terra Pura (*Jodo Shinshu*) quando menciona "*ocho*" – o "salto transversal", súbito e direto para a coisa em si.

14 – O alcançar do objeto depende da qualificação daquele que o deseja alcançar. Todos os artifícios e contingências que surgem das circunstâncias do espaço e do tempo são meramente acessórios.

COMENTÁRIO – A palavra chave deste versículo é "qualificação". Subentende-se a posse de condições intrínsecas que permitirão alcançar o objetivo primordial a que todos os seres tendem desde o momento que deixaram o seio do Absoluto e se particularizaram como seres aparentemente separados dos outros.

15 – Portanto, aquele que deseja conhecer a natureza de seu próprio *Ātman*, após ter encontrado um Guru que obteve o conhecimento do Absoluto (*Brahmajñāna*) e seja de uma bondosa disposição, deve prosseguir com sua investigação.

COMENTÁRIO – Nem todos os seres desejam conhecer a natureza de seu próprio *Ātman* (Espírito). Só muito poucos atingiram esse estágio onde se manifesta *Vairāgya* (desgosto profundo pela vida comum na qual estamos envolvidos). A grande maioria continua sendo impelida pelo vento das paixões e pela falsa ilusão advinda dos sentidos e se consome no sofrimento. A presença de uma alma-guia é muito importante; de alguém que possui revelado em si o conhecimento do Absoluto e manifestada aquela Compaixão que é o Amor infinito por todos os que sofrem nas malhas da ignorância. Dessa alma-guia advém a inspiração, o entusiasmo, para os que vêm se libertar da grande ilusão (*māyā*).

16 – Aquele que possui um forte intelecto, que é instruído e que tem os poderes da compreensão, é um homem qualificado para tal investigação.

COMENTÁRIO – Nem todos estão qualificados para essa profunda investigação. É necessário que o indivíduo que se dispõe a atingir tal objetivo supremo – a libertação das malhas da ilusão (*māyā*) e da ignorância (*avidyā*) – se prepare com muito empenho.

17 – Somente é considerado digno de inquirir sobre o Espírito [*Brahman*] aquele que tem discernimento, não tem apegos ou desejos, tem *shama* e as outras qualificações, e que possui a vontade de emancipar-se.[5]

COMENTÁRIO – Uma série de qualificações foram alinhadas. São condições indispensáveis para o aspirante ao mundo do Espírito. Sem elas nada será possível, a não ser o contínuo borboletear nas malhas de *samsāra* (vir-a-ser). Mas, acima de tudo, é indispensável uma firme determinação (desejo) para alcançar a meta suprema. É ela que nos dá a força interior para vencer o desânimo e os obstáculos materiais que atingem o cansado viajante. Essa determinação é como um pavio que mergulha no combustível da lamparina. Sem ele não haveria a luz.

18 – Com essa finalidade há quatro espécies de treinamentos preparatórios, diz o sábio. Com eles a tentativa terá sucesso; sem eles não haverá êxito.

COMENTÁRIO – Na vida espiritual, assim como no caso dos atletas físicos, há uma série de treinamentos preparativos que servem para lançar os fundamentos para o futuro. Esse treinamento prévio é importantíssimo para que alcancemos a meta suprema.

[5] Veja aforismos de n° 19 a 28. (N.E.)

19 – *Viveka* é reconhecido como sendo o discernimento do eterno em relação ao transitório; então, segue-se *vairāgya*, a renúncia do desejo de usufruir dos frutos da ação aqui e agora.

COMENTÁRIO – Discernimento significa a capacidade de distinguir o eterno do transitório. Algo muito difícil para os que estão presos na rede do pensamento, da memória e do hábito repetitivo. Só os que se libertarem dos véus de *māyā* (ilusão) poderão renunciar ao desejo de fruir os frutos da ação.

20/21/22 – Em terceiro lugar, *shatsampatti*, as seis possessões, que se iniciam com *shama*; e quarto, *mumukshutva*, a aspiração pela emancipação.[6] *Brahman* é verdadeiro, o mundo transitório é uma ilusão; tal é a forma da conclusão final que se diz ser o discernimento entre o transitório e o eterno. A renúncia do desejo consiste em abandonar os prazeres da visão, audição etc. e, também, em abandonar todos os prazeres derivados de todos os objetos transitórios do prazer, desde o corpo físico até *Brahmā*, o Criador, após ter meditado inúmeras vezes a respeito dos seus defeitos e limitações.

COMENTÁRIO – Todo o sentido de posse tem de ser abandonado, bem como todos os prazeres advindos do mundo dos sentidos. Enquanto houver um resquício de apego, a libertação final não será alcançada, e o homem continuará preso ao seu pequenino mundo de faz-de-conta.

23/24 – *Shama* é a imperturbável concentração da mente sobre o objeto de percepção.[7] *Dama* diz-se ser o confinamento, às suas próprias esferas, dos órgãos de ação e de percepções sensoriais, após tê-los feito desprender dos objetos dos sentidos. Uma condição não relacionada com ou dependente do mundo externo é o verdadeiro *uparati*.

[6] Em outras traduções, aforismo n° 19. (N.E.)

[7] Em outras traduções, final do aforismo n° 22. (N.E)

COMENTÁRIO – Nestas três qualificações mencionadas, *shama*, *dama* e *uparati*, há uma preparação gradual para um alargamento de consciência onde o eu isolado desaparece para emergir o Todo. No primeiro, *shama*, há uma ininterrupta concentração da mente no objeto observado. Algo que ocorre muito raramente no homem comum, que simplesmente "pousa" nos objetos contemplados sem "perfurá-los" com a compreensão. No segundo, *dama*, há a volta aos órgãos dos sentidos, desprendendo-os dos objetos observados. Por fim surge *uparati*, um estado onde há uma total ausência dos objetos externos.

25 – *Titikshā* é o suportar de toda dor e sofrimento sem nenhum pensamento de retaliação, sem abatimento e sem lamento.[8]

COMENTÁRIO – *Titikshā* é paciência infinita, equanimidade, equilíbrio, o corajoso suportar de todas as situações as quais a vida nos submete, sem reclamações ou lamentos.

26 – Uma meditação fixa sobre os ensinamentos de *Shastra* (Escrituras) e do Guru (Mestre), com uma firme fé neles, por meio da qual o objeto do pensamento é realizado, é descrito como *shraddhā*.

COMENTÁRIO – A fé (*shraddhā*) é um sentimento além das palavras, uma vivência de algo imensamente valioso para nós e que começamos a perceber em nossas vidas. É como a sensação nascida da certeza da presença do Sol ainda em plena noite. Uma noite que parece nunca acabar para quem sofre.

27 – O fixar constante da mente no Espírito puro é chamado *samādhāna*, a não distração da mente com objetos puramente ilusórios.

COMENTÁRIO – Observem agora os pensamentos que fluem em nos-

[8] Em outras traduções, o aforismo n° 25 corresponde ao n° 24. (N.E.)

sas mentes. Sintam a superficialidade do processo, a enorme mistura de memórias, sensações, emoções, medos que vêm na avalanche dos pensamentos. Parem! Focalizem o Espírito puro que está no coração de todas as coisas. Aprofundem essa percepção e estarão gradativamente se estabelecendo no estado de *samādhāna*.

28 – *Mumukshutva* é a aspiração à libertação, através do conhecimento de nosso verdadeiro Ser, de todos os elos criados pela ignorância, começando pelo sentimento da personalidade e terminando com a identificação de si mesmo com o corpo físico.

COMENTÁRIO – São inúmeros os laços que nos prendem ao ilusório. A sensação de que somos um eu separado, com uma identidade, uma posição social, atributos, um corpo físico etc., alimenta a ideia de separatividade, de um isolamento ilusório. Śankara, em *A Joia Suprema da Sabedoria*, procura despertar os seres humanos de um profundo sono, libertando-os da Grande Ilusão.

29 – Mesmo que as qualificações enumeradas sejam possuídas em pequeno ou moderado grau, ainda assim serão fortalecidas e melhoradas pela ausência de desejo, por *shama* e outras qualidades e pela bondade do Instrutor; e darão frutos.[9]

COMENTÁRIO – Não devemos nos desesperar se o nosso caminho for pedregoso. Com fé e trabalho constante ele poderá ser preparado. A ausência de desejos e as qualificações mencionadas anteriormente, mais a compaixão do instrutor, produzirão resultados. Não esperem que isso ocorra imediatamente, pois o processo é lento. Mas há casos em que subitamente a emancipação é alcançada, e acabam-se todos os problemas naquele instante mágico. Não fiquem na expectativa dessa emancipação, pois isso gera desejo, tensão, sofrimento e a deformação do Real.

[9] Em outras traduções este é o aforismo n° 28: "Ainda que adormecida ou débil, esta aspiração pela libertação, através da graça do Guru, pode vir a render frutos, (sendo desenvolvida) por meio de *vairāgya*, *shama* etc." (N.E.)

30 – Naquele em quem a ausência de desejo [*vairāgya*] e a aspiração pela emancipação [*mumukshutva*] são proeminentes, *shama* e outras qualificações produzirão grandes resultados.

COMENTÁRIO – A ausência de desejos é fundamental no processo liberatório. À proporção que isso ocorre, as qualificações já mencionadas (*shama, dama, uparati, titikshā, shraddhā, samādhāna*) produzirão, na medida de sua intensidade, grandes resultados. A retirada da erva daninha dos desejos é fundamental para que a terra torne-se produtiva.

31 – Quando a ausência do desejo e a aspiração pela emancipação são fracas, haverá apenas indicações de *shama* e das outras qualificações, tal como [ver] a água em uma miragem.

COMENTÁRIO – Mais uma vez a ausência de desejos e a aspiração pela emancipação são fundamentais. Se forem de pouca intensidade, todas as qualificações indispensáveis para que a libertação seja alcançada serão fracas, e pouco, ou nada, será obtido. Devemos meditar profundamente no sentido deste versículo, até que a resposta sem palavras sobrevenha.

32 – Dentre os instrumentos de emancipação, o supremo é a devoção [*bhakti*]. A meditação sobre a verdadeira forma do Ser real diz-se ser devoção.

COMENTÁRIO – A devoção é um ato de dedicação a algo. No versículo anterior esse objeto é o Ser real. Entende-se por Ser real aquele que está por trás, no âmago, do ser ilusório. A devoção não é um processo intelectual e sim o alvorecer de uma consciência, de uma Realidade que está além das palavras e das formas. A devoção é autoalimentada quando se amplia o canal de ligação com o atemporal. Então começa a florescer uma paz que ultrapassa todo entendimento humano. Uma felicidade transcendente que pode se transformar em supremo êxtase, quando a gota mergulha de volta no Oceano.

33 – Outros dizem que devoção é a meditação na natureza de nosso *Ātman*. Aquele que possui todas essas qualificações é o que está apto a conhecer a verdadeira natureza de *Ātman*.

COMENTÁRIO – Esse conhecimento ou identidade com a verdadeira natureza de *Ātman* exige toda a série de qualificações indicadas nos versículos anteriores, algo quase impossível para quem não se predispuser a romper com a sua vida comum, a dar aquele salto transversal (*ocho*) que nos fala, entre outras, a Escola da Terra Pura do Budismo. O preço a pagar é muito grande, mas o resultado tem um valor imensurável.

34 – Tal pessoa tem que se aproximar do Guru, através do qual a libertação da escravidão é alcançada; alguém que seja sábio, bem versado nas Escrituras, sem pecados, livre do desejo e conhecedor da natureza de *Brahman*.

COMENTÁRIO – Há um dito hindu: "Com o Guru todas as trevas são dissolvidas. O Guru lá está, em qualquer ponto que nos voltemos". Ele pode ser visível ou algo que surge em nós e inspira e ilumina as nossas vidas, pois é alguém que conhece por experiência própria a verdadeira natureza do Supremo (*Brahman*).

35 – Alguém que atingiu o repouso no Espírito, como uma chama que se extinguiu quando o combustível foi consumido. Alguém cuja bondade não é influenciada por considerações pessoais, e que está ansioso por auxiliar àqueles que buscam ajuda.[10]

COMENTÁRIO – O Mestre (Guru) é totalmente desprendido no seu Amor Supremo. Está sempre pronto a derramar a sua benéfica influência sobre todos os seres, visíveis ou invisíveis, principalmente para aqueles que já despertaram de certa forma e buscam desesperadamente por ajuda.

[10]Em outras traduções este aforismo ainda faz parte do aforismo n° 33. (N.E.)

Deixem de lado o orgulho, os desejos, os projetos sem base. Abram os corações à Graça Suprema, e o auxílio virá imediatamente.

36 – Tendo obtido a orientação de um tal Preceptor através da devoção, da atitude respeitosa e do serviço, o objeto de vossa busca deve ser-Lhe dirigido quando Ele não estiver de outra forma ocupado.[11]

COMENTÁRIO – Cada um de nós tem de se qualificar para receber orientação de um Guru. Sem essa preparação prévia a sintonia entre o Mestre e o discípulo não é possível.

37 – "Eu te saúdo, Oh Senhor, pleno de compaixão. Oh amigo daqueles que se curvam diante de Ti. Eu caí no oceano do nascimento e renascimento. Salvai-me com o Teu olhar que nunca falha, que faz cair sobre nós a chuva de ambrosia da sinceridade e misericórdia".

COMENTÁRIO – Neste versículo dá-se a completa entrega ao Mestre. Dele virá o auxílio que extinguira nossos sofrimentos e paixões. Sem essa abertura não é possível que recebamos auxílio. A carapaça protetora tem de ser rompida. O orgulho e a autossuficiência, desarmados.

38 – "Proteja da morte àquele que está aquecido pelo trovejante fogo selvagem da mutável vida que é tão difícil de extinguir, aquele que está sofrendo as rajadas do infortúnio, pois não conheço outro refúgio".

COMENTÁRIO – Só há um refúgio onde todo o sofrimento nascido da infindável sucessão do *karma* pode ser extinto. O Guru pode nos ajudar a

[11] A partir deste trecho há uma diferença na numeração dos aforismos. O aforismo n° 36 desta tradução inglesa é o aforismo n° 34 de outras versões: "Venerando este Guru com devoção, o discípulo deve aproximar-se dele, e tendo-o atendido com sua prostração, humildade e serviço, deve pedir-Lhe que explique tudo o que deve ser conhecido". (N.E.).

encontrá-lo. Ele é a porta que nos conduz ao Eterno. A paz infinita que está em nós desde todo o sempre, mas que não percebemos. Mergulha no texto que estás lendo, e o momento para a tua transformação pode ser *agora*!

39 – "Os grandes Seres pacificados vivem regenerando o mundo como a primavera que se aproxima e, tendo cruzado o oceano da existência corporificada, auxiliam aqueles que tentam fazer o mesmo, sem qualquer motivo pessoal".

40 – "Este desejo é espontâneo, pois a tendência natural das Grandes Almas é remover o sofrimento dos outros, assim como os raios de ambrosia da Lua esfriam a Terra aquecida pelos fortes raios de Sol".

COMENTÁRIO – As Grandes Almas, os Seres que vivenciam o Eterno, pacificam os que estão tomados pelas paixões. São como a brisa fresca que irrompe subitamente num dia de verão ardente. As suas ações são constantes em todos os momentos. A paz que deles emana é constante e reconforta os que estão esmagados pelo sofrimento. Aquilo que é grande demais para ter nome envolve todas as coisas. Entretanto, não podemos senti-Lo até que o contactemos. Está sempre auxiliando, à disposição dos que O buscam. Aqueles que O tocam, no dizer do místico Kirpal Singh, "são as crianças da Luz e vêm para dar essa Luz a um mundo que está em treva profunda".

41 – "Oh Senhor, aspergi-me com as gotas da tua fresca água de compaixão, pois estou aquecido pelo fogo da floresta do nascer e do renascer; gratifica meus ouvidos com as palavras de ambrosia, à medida que elas fluem do receptáculo de tua experiência, da felicidade procedente de *Brahmajñāna* (conhecimento do Supremo), sagrado e reanimador. Felizes são aqueles que são vistos por Ti, mesmo que por um momento, pois eles se tornam em aptos receptores e são aceitos como discípulos".

COMENTÁRIO – O Guru está presente em todos os momentos da nossa vida. Não é entretanto percebido enquanto o discípulo (o recipiente) não estiver pronto. Mas, mesmo por um momento, o discípulo pode ser aceito pelo compassivo Mestre e então receberá, por seu intermédio, a suprema ventura (*Brahmajñāna*), advinda do contato com a eterna bem-aventurança. Uma paz infinita que mora nos nossos corações, mas que não temos ainda a sensibilidade para perceber.

42 – "Como cruzarei o oceano do nascimento e renascimento? Qual é o meu destino, o que significa existir, Oh Senhor, eu não sei. Oh Senhor, bondosamente me protegei, aliviai as dores procedentes do nascer e renascer".[12]

COMENTÁRIO – A grande maioria dos seres humanos vive impelida pelos acontecimentos, sem saber como sair do processo do vir-a-ser (*samsāra*) e nem tem a menor ideia de qual seja o objetivo último desse processo ou o que significa *existir*. No instante em que temos consciência plena do problema, é indispensável a entrega à ação de algo que está acima, dentro de nós. O tom de súplica deste versículo é pungente. Nascida de um coração que sinceramente deseja uma saída que nunca será encontrada pelo intelecto.

43 – A Grande Alma, observando com os olhos umedecidos pela misericórdia o buscador do refúgio que, aquecido pelo fogo da floresta do nascimento e do renascimento, chama por Ele,[13] instantaneamente lhe diz que nada tema.

COMENTÁRIO – *Karuna* (compaixão), segundo os budistas, é uma característica do Ser Iluminado. A Grande Alma, o ser tocado pelo Supremo, o homem-deus, como dizem os místicos sufis, está sempre atento aos que sofrem. Quando o sofredor dá as condições necessárias, o auxílio é imediato – aquela sensação de que, apesar de tudo, não devemos ter medo de nada.

[12] Em outras traduções, o final do aforismo n° 40, correspondendo a este, é: "Salva-me, Oh Senhor, e ensina-me detalhadamente como pôr fim à miséria desta existência relativa". (N.E.)

[13] Refere-se ao *Mahātma*, a Grande Alma. (N.E.)

44 – Aquele ser sábio misericordiosamente instrui na Verdade o discípulo que chega até ele desejoso de emancipação, praticando os retos meios para a sua conquista, de mente tranquila e preenchida por *shama*.

COMENTÁRIO – O Guru, o Mestre, está sempre alerta para auxiliar o discípulo que se predisponha a isso. É necessário que cada um de nós trabalhe consigo mesmo, preparando o terreno onde brotará a semente da emancipação.

45 – O Mestre diz:

Nada temas, homem sábio, não há perigo. Há um meio para se cruzar o oceano do nascimento e renascimento – aquele que os *Yogis* usaram. Eu te mostrarei qual é.

COMENTÁRIO – Não tenhas medo, pois há uma saída! O aparente e infindável processo do vir-a-ser pode ser interrompido. Inúmeros seres que alcançaram o equilíbrio perfeito conseguiram isso. O caminho está, pois, aberto. Somente depende de cada um de nós terminar o martírio.

46 – Há um meio efetivo para a destruição do nascimento e renascimento, pelo qual, cruzando o oceano da mutável vida [*samsāra*], atingirás a suprema bem-aventurança.

COMENTÁRIO – A paz infinita pode ser alcançada nesta vida. Essa certeza o *Viveka-Chūdāmani* nos dá. Surge então a esperança de nos libertarmos do sofrimento de vidas sucessivas. À medida que nos aproximamos do Supremo, sentimos a Sua presença em nossas vidas e tudo começa a mudar. É como um alvorecer depois da espessa noite.

47 – Um excelente conhecimento é alcançado pela compreensão da finalidade da Vedanta. Com ele termina a grande miséria do nascimento e renascimento.

COMENTÁRIO – A finalidade suprema da Vedanta é permitir que os seres humanos alcancem a libertação do sofrimento. Um sofrimento que resulta dos efeitos acumulados do *karma* (lei de causa e efeito).

48 – As Escrituras[14] demonstram diretamente que *shraddhā* (fé), *bhakti* (devoção), *dhyāna* (meditação) e *yoga* (união) são as causas que trazem a emancipação da servidão da existência encarnada [a liberação das ligaduras do corpo, que são obra da magia de *avidyā*].

COMENTÁRIO – Observem a ordem mencionada. Em primeiro lugar está a fé. Entende-se por fé o percebimento de "algo", a sensação de uma "presença". Não é a fé supersticiosa de algo que é aceito porque está contido em um livro considerado sagrado ou que foi escrito por alguém que, segundo a tradição, deve ser respeitado. Quando esse primeiro ponto de contato é estabelecido, segue-se a devoção, um sentimento interior que nos impele para a raiz das coisas. Então, estão lançadas as bases para o estabelecimento do processo da meditação que levará a um gradual aprofundamento em direção às raízes do Ser, nascendo a condição para que o próximo estágio, o *yoga* (união), se manifeste. A viagem de volta terá assim terminado, encerrando-se definitivamente o ciclo do vir-a-ser.

49 – Devido à ignorância se produz uma conexão entre vós, que sois *Paramātman*, e aquilo que não é *Ātman*, surgindo a roda da existência corporificada. A ignorância [*avidyā*] é queimada até as raízes pelo fogo da sabedoria surgido do discernimento.

COMENTÁRIO – *Paramātman* é o Supremo, a fonte e origem de onde procedem todas as coisas. *Ātman* é uma centelha desse Supremo, sendo, portanto, idêntico a Ele. É a ignorância que impede a percepção deste fato e faz com que sintamos a sensação de isolamento, de solidão.

---

[14] Referência ao *Kaivalya Upanishad*, I, 2. (N.E.)

50 – O Discípulo diz:

"Oh Senhor, por misericórdia, ouça-me! Estou fazendo uma pergunta e, quando ouvir uma resposta de tua própria boca, atingirei meu objetivo".

COMENTÁRIO – Na vida de todos nós chega um momento em que se dá uma total rendição, uma entrega, um angustioso pedido de auxílio. Só então virá a resposta. Mas para que isso ocorra é necessário que o canal seja preparado.

51 – "O que é a escravidão? Qual sua origem? Como ela é mantida? Como pode ser removida? O que é o não espírito? Qual é o Espírito Supremo? Como se pode discernir entre eles?"

COMENTÁRIO – Aqui estão as dúvidas fundamentais, as perguntas para as quais não temos respostas. Quando as transcendermos, iremos por fim encontrar a paz fundamental onde sempre estivemos mergulhados.

52 – O Mestre responde:

Tu és feliz, obtivestes teu objetivo. Por ti tua família tem sido santificada, à medida que desejastes te tornar *Brahman*, libertando-te da escravidão imposta por *avidyā*.

COMENTÁRIO – À medida que um de nós decide se unir a *Brahman* (o Supremo) e se libertar da ignorância, todos à nossa volta são beneficiados e, de certa forma, santificados. Há uma influência, uma aura que se irradia dos que começam a se realizar, idêntica ao perfume das flores recém desabrochadas.

53 – Os filhos e outras pessoas podem saldar os débitos de seus pais, mas ninguém, exceto o próprio indivíduo, pode libertar a si mesmo da escravidão.

COMENTÁRIO – Depende de cada um de nós quebrar os grilhões que nos escravizam. O *karma* tem que ser resgatado individualmente, pois advém de causas passadas.

54 – Os outros podem remover a dor (causada pelo peso) das cargas colocadas sobre a cabeça, mas a dor (que surge) da fome e outras não podem ser removidas a não ser pela própria pessoa.

COMENTÁRIO – Há coisas que só cada um de nós pode remover. E para isso temos de trabalhar com afinco, pois só depende de nós. Não adianta esperar por soluções mágicas ou pelo auxílio externo.

55 – Vemos que o doente somente se recupera se ele próprio utilizar os medicamentos e uma dieta adequada, e não por esses atos executados por outros.

COMENTÁRIO – É indispensável que tomemos certas medidas para nos curarmos da doença. O Senhor Buda dizia que quando alguém está morrendo devido a uma flecha envenenada, o essencial é removê-la imediatamente sem qualquer cogitação quanto à sua natureza, quem a disparou e em quais circunstâncias. Qualquer segundo perdido pode significar a morte.

56 – A natureza da Realidade única tem de ser conhecida pela nossa clara percepção espiritual e não através de um *pandit* (um erudito); a forma da Lua tem de ser conhecida através de nossos próprios olhos; como poderia ser conhecida através de outros meios?

COMENTÁRIO – Em cada um de nós está a solução, a resposta que dará fim às nossas angústias. Não esperem que ela caia do céu ou venha da erudição de alguém. É algo que só se consegue pela vivência e experiência. Nunca será obtida de segunda mão. Isso poderá ocorrer, leitor amigo, *agora*! O instante mágico de uma explosão de onde nascerá uma nova Consciência.

57 – Quem a não ser o Si mesmo (*Ātman*) é capaz de remover a escravidão de *avidyā, kāma* e *karma* (ignorância, paixão e ação) mesmo em um bilhão de *kalpas*?

COMENTÁRIO – Um *kalpa* equivale a um dia de *Brahmā* – um dia de atividade cósmica que na tradição antiga da Índia corresponde a 432 milhões de anos. Esse tempo imensurável para os nossos padrões humanos produz efeitos que resultaram da ignorância, paixão e ações e que poderão ser eliminados instantaneamente, pondo-se fim à escravidão ocorrida ao longo de infindáveis vidas sucessivas.

58 – A libertação somente pode ser alcançada pela percepção direta da identidade do indivíduo com o Ser Universal; e nunca pelo *yoga* [*hatha-yoga*], nem pela *Sāmkhya* (filosofia especulativa), pela prática de cerimônias religiosas ou pelo mero conhecimento.

COMENTÁRIO – A percepção direta é fundamental para a Liberação. Sem ela isso jamais ocorrerá, e o indivíduo continuará escravo de sua pequena existência aparentemente isolada da Existência Universal. A parte negando-se a unir-se com o Todo a que sempre pertenceu. A gota julgando-se isolada do oceano.

59 – A forma e a beleza de uma *vinā* (instrumento de cordas da Índia) e a perícia ao soar suas cordas são para o entretenimento das pessoas e não para o estabelecimento de um império.

COMENTÁRIO – Aqui está exposta a diferença marcante entre duas coisas. Uma visa somente a diversão, o passar do tempo, o enlevo passageiro, enquanto a outra objetiva o estabelecimento de um "império", de uma conquista, de algo perene na vida da criatura – a transformação final.

60 – A boa pronúncia, domínio da linguagem, perícia, esclarecimento e o aprendizado são mais para o deleite dos letrados e não

para a obtenção da libertação.[15]

COMENTÁRIO – Aqui estão claramente delineadas as coisas que são apenas superficiais e que refletem o grau de "educação" do indivíduo, não sendo essenciais para a conquista da liberação do processo da ignorância.

61 – Se a suprema Verdade permanece desconhecida, o estudo das Escrituras é inútil; quando a suprema Verdade é conhecida, o estudo das Escrituras é inútil (o estudo somente da letra é inútil, o Espírito tem de ser buscado pela intuição).

COMENTÁRIO – Deixemos de lado a forma, o conhecimento acumulado, a memória que deixa traços e partamos para o que está além do intelecto, da mente, do conhecido, do que resulta das marcas do passado. Além do tempo, além deste momento em que escrevo estas linhas está o Eterno, atemporal, bem-aventurança, a paz eterna desde a origem das coisas, desde o momento em que a parte julgou-se diferente do Todo.

62 – Em um labirinto de palavras a mente se perde como um homem no meio de uma espessa floresta; e, portanto, com grandes esforços, aquele que conhece a Verdade deve conhecê-La acerca de Si mesmo [da Real natureza do Ser].

COMENTÁRIO – Neste versículo enfatiza-se mais uma vez a necessidade de se conhecer a Verdade, algo que nos aponte a saída do infindável processo do vir-a-ser, do labirinto das palavras.

63 – Qual a utilidade dos *Vedas* para quem foi picado pela serpente da ignorância? Excetuando a medicina do supremo conhecimento, (de que servem) as Escrituras, encantamentos ou

[15] Em outras traduções, aforismo n° 58: "Falar com desenvoltura, a habilidade em expor ou comentar os *Shastras*, e também a erudição – estes meramente produzem uma pequena satisfação pessoal para o estudioso, mas são completamente insuficientes para libertá-lo". (N.E.)

qualquer remédio?[16]

COMENTÁRIO – Só a Sabedoria cura. Só ela nos liberta. Tudo o mais é sem importância e a nada nos leva a não ser aos abismos mais profundos da ignorância.

64 – Não se cura uma doença apenas pronunciando o nome do remédio sem tomá-lo; a liberação não é alcançada sem a percepção direta, (nem) pela mera pronúncia da palavra *Brahman*.

COMENTÁRIO – A percepção direta é o estabelecimento do contato com Aquilo que está em nós desde todo o sempre, que mora eternamente em nossas raízes mais profundas. Dele advém a paz, a harmonia, o equilíbrio que só raramente sentimos.

65 – Sem dissolver o mundo dos objetos, sem conhecer a Verdade espiritual, onde está a liberação eterna? As meras palavras externas não têm quaisquer resultados além de sua mera elocução.

COMENTÁRIO – Conhecer é estabelecer a ligação direta com o fato, identificar-se ponto a ponto com o objeto do conhecimento. Então não há mais sombra de dúvidas. O desconhecido é revelado de súbito e o mistério desvendado.

66 – É impossível tornar-se um rei pela mera afirmação "eu sou um rei". É necessário a conquista dos inimigos e o controle do tesouro de todo um país.

COMENTÁRIO – As meras palavras de nada valem quando não existe por trás delas o sentido que nasce da presença daquilo que elas exprimem. As palavras que não estão revestidas deste algo mais são meros sons que

[16]Em outras traduções, aforismo n° 61: "Para aquele que foi picado pela serpente da ignorância, o único remédio é o conhecimento de *Brahman*. De que servem os Vedas e outras Escrituras, os mantras e a medicina para a vítima deste veneno?" (N.E.)

se misturam aos ruídos ambientais. A mera afirmação não significa a posse do que foi afirmado.

67 – Um tesouro oculto não aparece pela enunciação da palavra "apareça", pois tem de haver uma informação confiável, escavação e remoção de pedras. De maneira similar, a Verdade pura que transcende a operação de *māyā* (*māyā* aqui significando a força da evolução) não é obtida sem a instrução dos conhecedores do Supremo, juntamente com a reflexão, meditação e assim por diante, e nem por inferências ilógicas.

COMENTÁRIO – A procura do tesouro demanda esforço, determinação, vontade para vencer obstáculos e sobrepujar as limitações pessoais. É indispensável a informação dos que já se viram diante de tal tarefa e conseguiram atingir o Supremo, o Inominável. Deles nos vêm a inspiração, o entusiasmo para que prossigamos na busca que irá nos libertar das garras da ilusão.

68 – Portanto, os homens sábios devem se esforçar de todas as formas para se libertarem dos grilhões da existência condicionada da mesma maneira que fazemos todos os esforços para nos curarmos das doenças.

COMENTÁRIO – Estamos doentes. Este é um fato. Doentes pela ilusão e ignorância que nos envolve e nos possui. É fundamental que tenhamos consciência desse fato para que lutemos desesperadamente em busca da cura. Assim procedem os sábios. Ainda há tempo nesta fugaz existência para esse grande propósito.

69 – A excelente questão que propusestes deve ser respondida por aqueles que estão desejosos de liberação. Como uma sábia frase, está de acordo com as Escrituras, pois é breve e plena de significado.

COMENTÁRIO – Ouvir é penetrar na essência, estabelecer contato, atingir a "veia". Penetrar no mistério que está além da mente, das palavras, da memória, do tempo. É como dizem os budistas: "alcançar o corpo da Lei, a essencialidade que preenche os corações e as mentes de todos os seres".

70 – Ouça atentamente, Oh homem sábio, minha resposta, pois ouvindo serás libertado da escravidão à existência condicionada [*samsāra*].

COMENTÁRIO – Volte a ler o comentário anterior, feche o livro e medite no seu conteúdo. A realidade última expressa a essência, as coisas tais como são: livres da escravidão da vida e da morte. Despertar a realização direta de algo que existe na eternidade, mas que nossa ignorância não nos permite ver.

71 – Diz-se que a causa principal da liberação é o completo desapego da mente dos objetos transitórios. Em seguida, a aquisição de *shama, dama, titikshā* e a completa renúncia de todo *karma*[17] (atos religiosos e outros com a intenção de conquistar qualquer objeto do desejo pessoal).

COMENTÁRIO – *Shama* é o imperturbável domínio da mente. *Dama* é a volta aos órgãos dos sentidos depois de desprendê-los dos objetos. *Titikshā* é a paciência infinita para suportar o que quer que venha a acontecer, e a esperança de que, por pior que seja, nunca irá durar para sempre. Esse estado de equanimidade, de silêncio dos sentidos, é fundamental para o que irá ocorrer a seguir.

72 – Então o sábio estudante (deve se devotar) diariamente, sem interrupções, ao estudo das Escrituras, à reflexão e meditação nas verdades ali contidas. E, assim, tendo se libertado da ignorância,

[17]Em outras traduções: "a completa renúncia de todas as ações egoístas" (N.E.)

o homem sábio goza a bem-aventurança do Nirvana mesmo estando ainda na Terra.

COMENTÁRIO – O estabelecimento de uma prática diária, de um ritmo, é fundamental. A maioria de nós vive de uma forma desordenada, sujeita a uma série de embates. Essa agitação predispõe à superficialidade. Estudar profundamente, refletir e meditar significam perda de tempo, algo inútil que deve ser posto de lado num contexto social onde só é valorizada a acumulação de riquezas materiais. Entretanto, neste versículo, Śankara lembra-nos de que só adotando o estudo, a reflexão e a meditação podemos nos libertar da ignorância e sentir a bem-aventurança.

73 – O discernimento entre o Espírito e o não espírito que precisas agora compreender está sendo por mim relatado. Ouça atentamente e o realize em ti mesmo.

COMENTÁRIO – A perfeita distinção entre o Espírito e o não espírito é fundamental. Temos de vivenciá-la.

74/75 – O sábio chama a isso de corpo denso, que é a combinação de tutano, osso, gordura, carne, sangue e sêmen e é constituído de pés, tronco, costas, cabeça, membros e órgãos. É ele a causa que dá nascimento à ignorância e à ilusão do "eu" e do "meu". Os elementos sutis são *ākāsha*, ar, fogo, água e terra (entendendo-se aqui os princípios mais elevados destes elementos).[18]

COMENTÁRIO – A ignorância da verdadeira realidade nasce da limitação imposta pelos "véus" dos sentidos. O corpo denso escraviza, limita,

[18] Em outras traduções, aforismos n° 72/73: "Composto de sete ingredientes – medula, ossos, gordura, carne, sangue, derme e epiderme – e consistindo dos seguintes membros e suas partes: pernas, quadris, tórax, braços, costas e cabeça; este corpo, o domicílio da ilusão expressa nos termos "eu" e "meu", é designado pelos sábios como corpo grosseiro. O éter, ar, fogo, água e terra são os elementos sutis". (N.E.)

dificulta a percepção do sutil. É como um denso nevoeiro que impede a chegada até nós dos raios benfazejos do Sol. Mas, apesar das limitações dessa armadura medieval que vestimos, é possível encontrar o caminho para o que está na nossa essência e que é idêntico ao universal. É isso que Śankara nos propõe neste texto.

76 – Pela mistura de uns com os outros eles se tornam os elementos densos e as causas do corpo denso. Suas funções são a produção dos cinco sentidos, e esses se destinam à experiência de quem os possui.

COMENTÁRIO – Os sentidos são as portas de comunicação com o mundo externo. É deles que nos advém a experiência do eu isolado do resto. Deles nasce a sensação do isolamento, da separatividade. Mas é também através de sua ação que o homem realizado atua no mundo.

77 – Os seres iludidos, que estão presos a objetos mundanos pelos laços de um forte desejo difícil de ser quebrado, são forçosamente arrastados pelo mensageiro [*samskaras*] – o seu próprio *karma* – para o céu (*svarga*), a Terra e o inferno (*naraka*).

COMENTÁRIO – O desejo amarra-nos aos objetos e é difícil de ser quebrado. Os objetos causam-nos enorme sofrimento quando, pela força das circunstâncias, nos são retirados. Quando não nos libertamos, somos arrastados, em função de nosso próprio *karma*, para o céu, a Terra ou o inferno, e o aparente e interminável ciclo dos nascimentos e mortes continuará a nos manter escravos nas barreiras do tempo e do espaço.

78 – Atraídos de várias maneiras pelas qualidades dos cinco sentidos, o som e os outros, cinco criaturas encontram sua morte. São elas: a gazela, o elefante, a mariposa, o peixe e a abelha negra. O que dizer então do homem que está preso conjuntamente por todos os sentidos?

COMENTÁRIO – A música exerce uma grande atração sobre as gazelas. Na Índia, os caçadores utilizavam a música suave da flauta para atraí-las. O mesmo ocorre com o elefante em relação ao sentido do tato. Ele é facilmente capturado quando se esfrega de encontro a uma árvore. A atração da mariposa pela chama leva-a à destruição. Ela, o peixe e a abelha são respectivamente atraídos pela visão, gosto e olfato.

79 – Quanto à virulência, os objetos dos sentidos são mais fatais do que o veneno da serpente negra (*naja tripudians*). O veneno só mata aquele em quem é injetado, mas os objetos dos sentidos podem "matar" até pela sua própria aparência externa (literalmente: pela mera visão deles).

COMENTÁRIO – Muitas ordens religiosas recomendam que os praticantes, aqueles que realmente estão dispostos a encontrar o caminho de volta ao Absoluto, evitem os encantamentos advindos dos sentidos. Os grandes chapéus usados pelos monges mendicantes do Budismo japonês protegem quem os utiliza da visão dos que oferecem alimentos. Da mesma maneira, no Budismo antigo *Hinayana*, não é permitido o contato físico com outras pessoas. O mesmo ocorre em ordens monásticas cristãs, entre elas a dos Trapistas. Mas os seres humanos comuns, que são obrigados a levar uma vida intensa de relacionamento, devem adotar técnicas que permitam neutralizar os efeitos do contato direto com os objetos dos sentidos. Isso é possível graças à meditação, que gera um estado de consciência que minimiza ou anula os efeitos dos sentidos.

80 – Somente aquele que está livre da grande servidão dos desejos, tão difícil de evitar, é capaz da liberação. Ninguém mais, mesmo que versado nos seis sistemas de filosofia.

COMENTÁRIO – O seis sistemas de filosofia indiana (Darsanas) apresentam uma visão abrangente da realidade. Aparentemente conflitantes, eles são complementares e se integram numa unidade de ordem superior. Mesmo os que profundamente conhecem esses sistemas não são capazes de alcançar a liberação – aquele instante em que se quebram os laços do *karma* (da lei de ação e reação) e se extingue subitamente o mecanismo repetitivo do vir-a-ser.

81 – Aqueles que estão somente sentimentalmente desejosos de liberação e apenas aparentemente livres da paixão, buscando cruzar o oceano da existência condicionada [*samsāra*], são capturados pelo "tubarão" do desejo, seguros pelo pescoço e forçosamente tragados e afogados.

COMENTÁRIO – É preciso estar atento à superficialidade com que de hábito consideramos os fatos da vida, a tônica aparentemente sentimental com que tratamos as coisas. Entretanto, a liberação é algo muito sério e profundo que exige de nós uma total dedicação.

82 – Somente aquele que mata o "tubarão" do desejo com a espada do supremo desapaixonamento atinge, sem obstáculo, o outro lado do oceano da existência condicionada.

COMENTÁRIO – O desejo deve ser morto com a espada do desapaixonamento. Esta é uma condição essencial. Aquele que deseja atingir o alto pico de uma montanha tem de se aliviar de todo o peso desnecessário. Só a extinção do desejo permitirá que alcancemos a outra margem, onde encontraremos a paz profunda. Enquanto estivermos presos pelo desejo ao objeto dos sentidos, estaremos irremediavelmente escravos do ilusório.

83 – A mente daquele que trilha a áspera senda dos objetos sensoriais torna-se turva, e a morte espera por ele a cada passo. Mas aquele que trilha a reta senda, sob a instrução de um Guru, um bom homem que cuida de seu bem-estar espiritual, obterá por sua própria intuição a conquista do seu objetivo. Saiba que isso é verdade.

COMENTÁRIO – Śankara afirma a necessidade de um Guru, de um instrutor espiritual visível ou invisível, de alguém que venha em nosso auxílio, nos inspire, para que tenhamos a energia necessária para levar até o fim o nosso propósito de atingir a liberação.

84 – Se o desejo pela liberação existe em ti, os objetos sensoriais têm de ser mantidos à grande distância, como se fossem veneno. Deves constante e fervorosamente buscar a alegria como se fosse ambrosia, bem como a bondade, o perdão, a sinceridade, a tranquilidade e o autocontrole.

COMENTÁRIO – Exercita constantemente a tua vontade, deixando de lado aquilo que desejas. O desprendimento aumenta à medida que começamos a ver mais nitidamente os perigos do apego aos objetos dos sentidos. Ao mesmo tempo procura estimular a alegria, sorrindo para os teus interlocutores ou apresentando uma face tranquila para o mundo; cultiva a alegria, a bondade, o perdão, a sinceridade, a tranquilidade e o autocontrole. Aos poucos as sementes florescerão e transformarão a tua vida e os que estão à tua volta. Transformamo-nos em um centro de paz e equilíbrio no meio da convulsão que caracteriza a nossa época. Veremos então que tudo se torna diferente.

85 – Mata a si mesmo quem atende somente às necessidades de seu próprio corpo, nada fazendo de bom para os outros, constantemente evitando o seu próprio dever e não buscando a liberação da servidão causada pela ignorância.

COMENTÁRIO – O suicídio não é somente o término abrupto da vida pelas próprias mãos. Esse nasce do desespero dos que perderam a esperança de encontrar uma saída. O pior suicídio é o espiritual, quando definhamos interiormente devido a nossa própria ignorância, quando não encontramos o nosso dever, a nossa vocação. Todos os seres possuem em si, muitas vezes de forma indistinta, esse dever que nos levará até uma plenitude que existe potencialmente em tudo. Quando não permitimos que esse potencial se expresse em nossas vidas, estamos nos suicidando e cada vez mais submersos na ignorância que, por sua vez, produz mais sofrimento.

86 – Quem vive somente para nutrir seu próprio corpo é como alguém que atravessa um rio montado num crocodilo pensando que seja um tronco de árvore.

COMENTÁRIO – A nutrição do próprio corpo não é só de alimentos mas de sensações, prazeres, estímulos excitantes, desejos, ideais, enfim, de tudo o que faz crescer o eu, que estimula a segregação e gera mais cedo ou mais tarde o sofrimento.

87 – Para aquele que está desejoso da liberação, os desejos pertencentes ao corpo levam à grande morte. Somente aquele que está livre desses desejos está apto a ganhar a liberação.

COMENTÁRIO – Todos os desejos que sejam procedentes do corpo físico bem como das emoções e dos pensamentos irão levar à grande morte. Entende-se por "grande morte" a perpetuação de uma vida envolvida pela ignorância e pelo erro. A grande libertação só ocorre quando esses desejos estão transcendidos.

88 – Vence a grande morte: o desejo pelo corpo, pela esposa, pelo filho e assim por diante. Tendo-a vencido, os ascetas (*muni*) entram na suprema morada de *Vishnu* (ou seja, alcançam a união com o *Logos* que reside no seio de *Parabrahman*).

COMENTÁRIO – Todas as coisas têm as suas raízes, a sua essência, em *Parabrahman*, como dizem os hindus; em Deus, segundo os cristãos; em *Tatatha*, como falam os budistas ou em *Allah,* de acordo com os islamitas. Ou de acordo com inúmeros outros nomes que identificam o Absoluto, como meras placas indicativas escritas nas mais diversas línguas. O que importa é o fato de que *Aquilo* é uma Realidade última para todas as coisas.

E não importa qual seja o caminho, nós iremos encontrá-Lo um dia. Esta união é um fato que irá se consumar. Śankara, que a sentiu, quer abrir o caminho para bilhões de criaturas que sofrem nas malhas da ignorância.

89 – Este corpo grosseiro que condenamos é feito de pele, carne, sangue, nervos, gordura, tutano, ossos etc. e está repleto de impurezas.

90 – Este corpo grosseiro, produzido pelos cinco elementos densos – que por sua vez originam-se do processo quíntuplo [de união dos elementos sutis] através do *karma* prévio – é o veículo dos gozos terrenos. É no estado de vigília desse corpo que são percebidos os objetos densos.[19]

COMENTÁRIO – A manifestação da energia universal faz-se segundo um processo cíclico de densificação e sutilização de acordo com a antiga tradição da Índia. Esse processo repete-se infindavelmente até que se atinja *Moksha* (liberação).

91 – As diversas formas grosseiras são percebidas pelo ego corporificado através dos órgãos externos, assim como são percebidos os buquês de flores, a madeira do sândalo, as mulheres e tudo o mais. Assim é a percepção consciente do corpo no estado de vigília.

COMENTÁRIO – É através dos órgãos dos sentidos que percebemos a realidade que nos cerca. Na verdade só percebemos um simples fragmento do Real, pois a capacidade de percepção é muito limitada. Pode-se então afirmar que tudo é ilusão.

92 – Este corpo grosseiro do qual dependem todas as manifestações externas de *Purusha* (Espírito) é como a casa em que moramos.

[19]Vide aforismos n°s 75 e 76, e também o *Māndukya Upanishad.* (N.E.)

COMENTÁRIO – Nosso corpo é a casa em que moramos – o veículo que nos servimos para o relacionamento com as coisas externas. *Purusha* significa o residente na cidade.

93 – O corpo grosseiro (denso) passa pelos estágios da infância, decadência e morte. O corpo está sujeito a doenças, às condições da vida, à honra, desgraça, adulação etc.

COMENTÁRIO – As quatro condições da vida (*asrama*) para os hindus são: estudante, chefe de família, vida religiosa e o que renunciou a tudo em busca de iluminação. Temos de aceitar tudo o que nos ocorre com resignação, sabendo que são inevitáveis para o nosso processo de consciência. Devemos estar prontos para enfrentar os altos e baixos, os dias de Sol e de tempestade com a mesma corajosa determinação, (*viryā*) pois, no final do processo tortuoso, a paz suprema está à nossa espera.

94 – A visão, a audição, o tato, o olfato, o paladar e o intelecto são os chamados sentidos. Por intermédio deles nos chegam as percepções dos objetos densos. É através dos órgãos de ação – a língua, as mãos, os pés, o corpo etc. – que os atos são executados.

COMENTÁRIO – Cada ser possui um sistema de referência em função do qual se relaciona com o Universo. Desse sistema de referências surgem as diversas imagens do mundo que nos cerca. A nossa consciência é função do território coberto pelos nosso sentidos.

95/96 – *Manas, buddhi, ahamkrti* e *citta*, com suas funções, são chamados os instrumentos internos [*antahkarana*]. *Manas* pela razão de postular e duvidar; *Buddhi* devido à sua propriedade de chegar a um julgamento claro sobre os objetos; *Ahamkrti* surge do egoísmo ["eu"]; *Citta*, é assim chamado devido à sua propriedade de [relembrar] concentrar a mente em seu próprio interesse.[20]

COMENTÁRIO – Além dos sentidos e dos órgãos de ação, analisados no versículo anterior, possuímos uma série de instrumentos internos através dos quais construímos uma realidade interior que é um pálido reflexo da realidade exterior. A coisa percebida e julgada pelo nosso condicionamento é completamente diferente da coisa real. À medida que o ser humano começa a despertar para uma consciência mais elevada, há uma total mutação nos modelos de avaliação até então adotados.

97 – A vitalidade (*prāna*, o segundo princípio), como acontece com o ouro, a água etc., devido à diferença de suas funções e modificações torna-se *prāna, apāna, vyāna, udāna* e *samāna.*[21]

COMENTÁRIO – O ouro pode ser trabalhado numa infinidade de formas; a água pode ser transformada em gelo, vapor etc.. Da mesma maneira a vitalidade que nos alimenta apresenta-se de diferentes formas segundo a função que assume: *prāna, apāna, vyāna, udāna* e *samāna.*

98 – O corpo sutil chamado *sūkshma* é constituído: 1) das cincos faculdades, começando com a fala; 2) dos cinco órgãos, começando pelo ouvido; 3) dos cinco ares vitais, começando com *prāna*; 4) dos cinco elementos, começando com *ākāsha*; 5) de *budhhi* e o restante; 6) de *avidyā* (ignorância); 7) *kāma* (desejo) e 8) *karma* (ação) – [chamadas as oito "cidades"].

COMENTÁRIO – Neste versículo é feito o exame dos elementos constitutivos do corpo sutil que impregna o corpo denso. A visão hindu nos apresenta uma série de densificações progressivas da energia mais sutil

[20]Na Vedanta, a mente como órgão interno (*antahkarana*), em seu aspecto global, é constituída por várias funções e, conforme sejam elas, a mente é denominada: *buddhi*, *manas*, *citta* ou *ahamkara* (*ahamkrti*). *Buddhi* é a Inteligência, Intelecto puro, a luz de consciência que ilumina as imagens mentais, a função determinante da verdade de algo. (N.E.).

[21]*Prāna* (respiração), *apāna* (eliminação), *vyāna* (circulação), *udāna* (procriação) e *samāna* (digestão). Vide *Prasna Upanishad* III. (N.E.)

impregnando corpos de densidade crescente.

99 – Ouça! Este corpo produzido de cinco elementos sutis é chamado *sūkshma*, bem como *linga sharīra*. É o campo dos desejos [latentes] onde se experimentam as consequências do *karma* (experiência anterior); é ignorante (juntamente com o *kārana sharira*), não tem princípio e é um *upādhi* (veículo) de *Ātman*.

COMENTÁRIO – *Ātman*, o Espírito, a mônada, a essência, é envolvido numa série de corpos (veículos) através dos quais atua. Com isso é criada uma barreira que dificulta o contato direto com a realidade transcendente de sua natureza.

100 – A condição característica deste corpo é o estado de sonho; esse estado é distinto do estado de vigília em virtude da maneira peculiar pela qual os sentidos trabalham. No estado de sonho a mente revive a condição criada pelos desejos do estado de vigília.[22]

COMENTÁRIO – Os desejos são um estado de tensão que se reflete no sonho. Quando dormimos profundamente, sem sonhos, mergulhamos no Atemporal, naquilo que não tem imagens. À medida que o estado de libertação se aproxima, diminui gradativamente a presença de sonhos, de projeções de tensões provocadas pelos desejos.

101 – Este corpo manifesta-se na condição de ator. Brilha nele o Ser Absoluto que tem como veículo o intelecto (*buddhi*) e que não é afetado por qualquer *karma*, como se fosse uma testemunha independente. Por isso *Ātman* (o sétimo princípio) é livre de toda

[22]Em outras traduções, aforismos n°s 98/99: "Sonho é um estado distinto do de vigília, no qual o ser brilha por si mesmo. No sonho, *buddhi* assume as funções de agente e de objeto, decorrentes das várias impressões acumuladas no estado de vigília, enquanto o supremo *Ātman* brilha em sua própria glória, tendo *buddhi* como seu único véu. *Ātman* é testemunha de tudo e não é contaminado pelas atividades de *buddhi*. Assim, *Ātman* é inteiramente independente e não é atingido por nenhuma ação que possa ser executada por seus envoltórios condicionantes". (N.E.)

a união, não sendo afetado pela ação de qualquer *upādhi*.

COMENTÁRIO – *Ātman* é o foco primário, o ponto de Luz, a centelha primordial. Dele nos vem a energia cósmica, a vida infinita, a luz eterna. É o ator de onde procede o comando. Ele está livre, como diz o versículo anterior, de toda união. Nenhum veículo (*upādhi*) o afeta.

102 – Este *linga sharira* executa todas as ações como um instrumento de *Ātman*, assim como a talhadeira e outras ferramentas executam as ações do carpinteiro. Por essa razão *Ātman* é livre de toda união.

COMENTÁRIO – Em torno de *Ātman* formam-se corpos sutis por ele energizados e através dos quais ele se expressa. São os instrumentos que permitem a sua atuação nos planos mais densos.

103 – As propriedades da cegueira, fraqueza e adaptabilidade existem devido à boa ou má condição do olho; de maneira similar, a surdez ou mudez e outras são propriedades do ouvido etc. e não devem ser consideradas como pertencentes ao Ser.

COMENTÁRIO – *Ātman,* de onde nos vem a percepção de que somos um ser, de que existimos, nada tem a ver com as deficiências dos sentidos. Esses procedem do *karma* resultante de causas e efeitos do passado. São impedimentos que produzem sofrimentos necessários ao desencadeamento das propriedades latentes que algum dia eclodirão em plena floração.

104 – Inspirar, expirar, bocejar, espirrar e assim por diante são ações do *prāna*, dizem os homens sábios. A propriedade da vitalidade é manifestada na fome e na sede.

COMENTÁRIO – Todas as reações biológicas advêm do princípio vital (*prāna*) que sustém o Universo. É um processo constante de ingestão, assimilação e rejeição que se estabelece em todos os níveis. Está sujeito, portanto, ao tempo e espaço. Enquanto isso as dimensões onde paira *Ātman* são atemporais.

105 – O órgão interno está em comunicação com a senda do olho e dos outros sentidos, e pela razão da especialização (do Todo) o ego (*ahamkāra*) é manifestado.[23]

COMENTÁRIO – A sensação, a noção da existência de um eu separado decorre da soma de impressões isoladas procedente das limitações impostas pelas particularizações produzidas pelos diversos sentidos. O ego é a imagem resultante desse somatório de impressões. Alguns o chamam de eu inferior para diferenciá-lo de um Eu superior que é idêntico ao próprio *Ātman*.

106 – Esse ego sujeito ao prazer e à experiência é conhecido como *ahamkāra*. Ele alcança três condições pela associação com as qualidades: *sattva, tamas* e *rajas*.[24]

COMENTÁRIO – São três, segundo os hindus, as qualidades da matéria: *sattva, tamas* e *rajas*. *Sattva* é o equilíbrio, a harmonia, de onde nos vem o prazer e a bondade. *Tamas*, a inércia, repouso de onde procedem a preguiça e indiferença. Por fim *rajas*, a atividade constante e o sofrimento. *Ahamkāra*, o ego, o eu inferior, reflete plenamente essas três qualidades da matéria.

107 – Quando os objetos são agradáveis, eles nos tornam felizes; no caso contrário, infelizes. A felicidade e infelicidade não atingem *Ātman* que está sempre em eterna bem-aventurança.

---

[23] Em outras traduções, aforismo n° 103: "O órgão interno (mente) está assentado nos órgãos dos sentidos tais como o olho, etc. Identificando-se com eles, existe revestido com um reflexo de *Ātman*". (N.E.)

[24] Em outras traduções, aforismo n° 104: "Conhece que ele é o ego, que, identificando-se com o corpo, torna-se o agente ou experienciador e, em conjunto com as *gunas* (*sattva*, *rajas* e *tamas*), assume os três diferentes estados (sono profundo, vigília e sonho)". (N.E.)

COMENTÁRIO – O eu inferior (*ahamkāra*) sente a felicidade ou infelicidade procedentes dos objetos dos sentidos. Já *Ātman* está acima do dualismo e vive para sempre mergulhado em uma extrema bem-aventurança. Num dos antigos *Upanishads* há um trecho onde está dito: "Há uma paz que ultrapassa o entendimento humano, mora no coração daqueles que vivem no Eterno". Procurai por um instante que seja sentir um pouco dessa paz! E tudo será diferente.

108 – Os objetos tornam-se atraentes não por si mesmos, mas pela razão de sua utilidade para o Ser, pois o Ser é o mais amado de todos.

COMENTÁRIO – Os objetos caracterizados pelos nossos sentidos apenas são atraentes para nosso eu inferior na justa medida em que possam ser úteis a esse eu. Quando o indivíduo evolui, mais desprendido se torna desses objetos, que passam a não ter qualquer valor para ele. *Ātman* passa a brilhar intensamente em sua vida e a irradiar influências a todos os quadrantes.

109 – Portanto *Ātman* é a eterna bem-aventurança, pois nela não há dor. A felicidade suprema de *Ātman* é experienciada no sono sem sonhos, dissociada de todos os objetos [dos sentidos. Assim atestam claramente os *Shrutis*], a cognição direta, a instrução [tradição] e a inferência.

COMENTÁRIO – A vivência (experiência na carne) da bem-aventurança, da paz que ultrapassa o entendimento humano, está ao alcance de todos os seres. Pode ser obtida, segundo Śankara, pelo conhecimento direto, ou seja, pela comunicação direta, percepção pura, quando não existe mais o observador e a coisa observada. Pode ser também alcançada através da instrução de um Mestre qualificado que pode "tocar" profundamente por pensamentos, palavras e ações; ou por dedução (inferência). Quando se esgota o mecanismo intelectual ocorre o salto que projeta a criatura no que está além da mente.

110 – A suprema *māyā*, de onde nasce todo este Universo, que é *Parameshashakti* (o poder do supremo Senhor) chamada *avyakta* (imanifestado), é *avidyā* que existe desde o princípio, sendo constituída pelas três *gunas* [e superior aos seus efeitos]. Deve ser inferida, através de seus efeitos, pela nossa [clara] inteligência.

COMENTÁRIO – *Māyā* é ilusão cósmica que diferencia o que essencialmente é indiferenciado. É uma miragem de onde surgem os inúmeros seres e coisas em diversos graus de visibilidade. *Avidyā*, a ignorância, é o que caracteriza o percebimento superficial dessa Realidade transcendental.

111 – *Māyā* não é numênica nem fenomênica; não é diferenciada nem indiferenciada e nem é essencialmente ambas. Não é particularizada nem não particularizada e nem essencialmente ambas. É da mais indescritível e maravilhosa forma.

COMENTÁRIO – A filosofia de Śankara, a sua maneira de ver a realidade, é *Advaita*: não dualista. Nesse versículo isso está apresentado claramente. Aqui ele aponta para algo que está além dos opostos tomados isolados ou conjuntamente. Uma presença de extraordinária beleza e paz.

112 – Os efeitos de *māyā* podem ser destruídos pela compreensão de *Brahman* não dual, assim como a ilusão de uma serpente é destruída pela constatação de que é uma corda. As qualidades da matéria são chamadas *rajas, tamas* e *sattva* e são conhecidas pelos seus efeitos.

COMENTÁRIO – Quando se constata a presença (realização) do Absoluto (*Brahman*), desaparece a ilusão. Sente-se então essa presença da mesma forma que sentimos agora a presença deste livro. Este é um fato indiscutível que atua em todo nosso ser, modificando-o em sua estrutura mais íntima.

113 – O poder de *rajas* é extensão (*viksepa*), que é a essência da ação, e de onde são produzidas as tendências preexistentes da ação e as modificações da mente conhecidas como apego e outras qualidades produtoras do sofrimento, sempre criadas por ela.

COMENTÁRIO – *Rajas*, a atividade, o movimento ininterrupto está presente em todas as coisas manifestadas. O chamado movimento Browniano das moléculas de ar, a vibração no nível atômico ou subatômico, são uma constatação dessa inquietação cósmica que envolve todas as coisas. Em *rajas* estão as tendências, as forças primárias de onde decorrem as ações, bem como as modificações da mente e todas as consequências delas originadas.

114 – Luxúria, ira, ganância, arrogância, malícia, aversão, personalismo, ciúmes e inveja são as terríveis propriedades de *rajas*; portanto, essa qualidade cria a inclinação à ação; por essa razão *rajas* é causa do apego.

COMENTÁRIO – *Rajas* perturba a paz, pois nos envolve com a inquietação da mente. Não nos permite perceber as coisas tais quais são. Deforma constantemente o Real que existe por trás de todas as coisas. Está constantemente nos tirando do estado de harmonia, de ressonância com o eterno que está no âmago de tudo.

115 – O poder de *tamas* é chamado *āvriti* (envolvente) devido ao qual uma coisa aparece como outra. É essa força que é a causa última da existência condicionada do ego e é também a causa excitante para a operação da força de extensão (*viksepa*).

COMENTÁRIO – *Tamas* envolve, subjuga, pesa, escraviza, amarra, cristaliza. Observem um objeto qualquer; vejam a sua mobilidade e presença. A quantidade de energia contida numa forma influencia e é influenciada. Cada objeto dispõe de um centro em torno do qual a energia está concentrada. Se não fosse assim, todas as coisas se dissolveriam como uma nuvem ao sabor do vento. Do ponto de vista do Eterno todas as coisas são transitórias, possuem uma duração de vida. O ego resulta da permanência de uma forma. É um centro de referência, de identidade, um espelho onde o outro se reflete.

116 – Mesmo que sejamos inteligentes, instruídos, peritos, extremamente acurados no autoexame e adequadamente treinados de várias maneiras, não podemos exercer o discernimento se estivermos envolvidos por *tamas*. Mas devido à ignorância, consideramos como Real o que nasce do erro e depende das propriedades dos objetos produzidos pelo erro. Ai daqueles! Grande é o envolvente e irresistível poder de *tamas*!

COMENTÁRIO – *Tamas* nos tolhe, paralisa e impede que vejamos o que é falso e o que é verdadeiro. É como se obrigássemos um pianista a usar luvas para tocar o piano. O pior é que o hábito gera mecanismos de condicionamento ao longo de sucessivas vidas e não temos mais consciência do que, de fato, somos.

117 – Ausência de reta percepção, pensamento contraditório, pensamento de possibilidades, tomar coisas sem substância como sendo substanciais pertencem a *tamas*. Aquele que está associado com *tamas* está sendo perpetuamente levado pelo poder expansivo (*rajas*).

118 – Ignorância, preguiça, embotamento, sono, ilusão, insensatez e outras são as qualidades de *tamas*. Aquele que é por elas possuído nada percebe corretamente e permanece profundamente adormecido como um poste.

COMENTÁRIO – A grande maioria das criaturas humanas está profundamente adormecida, parecendo-se mais com objetos inanimados. A vida que levam, as emoções que as consomem, os objetos que desejam somente fazem aprofundar esse sono.

119 – O puro *sattva*, mesmo que misturado com as outras duas qualidades (*rajas* e *tamas*), tal qual a mistura de dois tipos de líquidos diferentes, torna-se o meio de salvação; pois é o reflexo do Ser absoluto (Espírito supremo) recebido por *sattva*, tal qual o Sol, que manifesta o universo dos objetos.[25]

COMENTÁRIO – *Sattva* é harmonia, equilíbrio, paz que, uma vez manifestada na criatura, é como a luz do Sol na plena escuridão. Quando permitimos que ela se manifeste em nossas vidas, tudo se torna diferente. As coisas adquirem novos contornos e um profundo significado espiritual. Qualquer ambiente se transforma, e uma paz infinita se apossa da criatura, quer seja em casa ou em uma loja repleta de gente e de ruídos.

120 – As propriedades de *sattva* misturado são o autorrespeito, *niyama* [pureza, contentamento etc.], *yama* [não matar, veracidade etc.], reverência, consideração, desejo pela libertação, atributos divinos e a abstinência do mal.[26]

COMENTÁRIO – *Sattva* vai sendo instilada gota à gota no nosso ser condicionado. Aos poucos vamos mudando e sentindo profundamente o processo que está ocorrendo. A criatura desvanecida e insensível começa a emitir luz e a sentir. À medida que o coração se abre sob a ação de *sattva*, tornamo-nos mais sensíveis e compreensivos. E, vindo do mais profundo do nosso Ser, nasce um sentido de paz que se propaga à nossa volta. Algo que se pode sentir quando nos aproximamos de alguém profundamente realizado.

---

[25]Em outras traduções, aforismo n° 117: "O puro *sattva* é límpido como a água, porém, quando conjugado com *rajas* e *tamas*, estabelece a transmigração. Mas, quando a realidade de *Ātman* se reflete em *sattva*, o mundo material torna-se completamente revelado, como pelo brilho do Sol." (N.E.)

[26]Vide *Yoga-Sutras* de Patañjali, aforismos III, 30 e III, 32; e *Bhagavad-Gitā*, Capítulo XIII, 7-12 e primeiros versículos do capítulo XVI. Editora Teosófica, 2011 (N.E.)

121 – As propriedades do puro *sattva* são pureza, percepção de *Ātman* dentro de nós, suprema tranquilidade, um sentido de contentamento, alegria, concentração da mente sobre o Ser por meio do qual um gosto da eterna bem-aventurança é obtido.

COMENTÁRIO – A percepção de *Ātman* dentro de nós se acentua. *Ātman* é o Espírito, a centelha do eterno, a mônada, o centro da essencialidade que nos anima e sustenta. Sua natureza é paz absoluta, *Ananda*, a essência última de todas as coisas. É como dizem os budistas: o Vazio da Realidade última. É algo além da compreensão, além do pensamento; algo que se sente, se vivencia enquanto surge e pode ser estimulado à medida que nos tornamos mais receptivos à Sua presença. Uma coisa é certa: nenhuma Verdade Espiritual pode ser captada pelo intelecto.

122 – O imanifestado (*avyaktam*) indicado por essas três qualidades é a causa do *kārana-sharira* (o corpo causal) do ego. O estado dessa manifestação é o sono sem sonhos no qual as funções de todos os órgãos e de *buddhi* estão latentes.

COMENTÁRIO – *Ātman* forma uma série de corpos, veículos, para se manifestar, através dos quais se dá a descida na matéria. *Kārana-sharira*, o corpo causal, é um invólucro, uma "vestimenta" produzida pela energia que brota de *Ātman*. Nele estão ainda latentes todos os órgãos dos sentidos, a intuição (*buddhi*) e a mente (*manas*). Śankara identifica-o com o estado do sono sem sonhos, ou seja, do mais profundo inconsciente.

123 – O sono sem sonhos é aquele estado no qual toda consciência está em repouso, e o intelecto (*buddhi*) permanece em estado latente. É conhecido como sendo um estado onde não há conhecimento [de fatos].

COMENTÁRIO – *Buddhi*, aqui, está indicado como intelecto. Convém, entretanto, indicar que *buddhi* é o intelecto superior, conhecido no Ocidente como sendo a intuição. Aí não há conhecimento, pois nesse estado de consciência não há a memória onde os registros do passado são preservados. Nele só brilha o eterno agora que está muito acima de qualquer limitação e não pode ser expresso por pensamentos ou palavras.

124 – São o não espírito: o corpo, os órgãos, a vitalidade, a mente (*manas*), o ego, todas as diferenciações, os objetos dos sentidos, o prazer e os demais, *ākāsha* e outros elementos componentes deste infindável Universo, incluindo o *avyaktam* (imanifestado).

COMENTÁRIO – O Espírito puro é imanifestado: o Deus transcendente, o incognoscível dos cristãos, o *Parabrahman* – o que está além, dos hindus, ou *tathata*, a essencialidade dos budistas. Tudo o mais que daí resulta é não espírito. Todos os corpos sutis ou grosseiros, os sentidos, inclusive o imanifestado que em alguma época irá se manifestar, são apenas formas transitórias, nuvens passageiras, vidas que se desfazem. Apenas isso.

125 – *Māyā*, todas as funções de *māyā* – desde *Mahat* (a Inteligência Cósmica, a primeira diferenciação de *prakriti*) até o corpo denso – são *asat* (não ser). São como uma miragem no deserto por serem o não ego.[27]

COMENTÁRIO – *Māyā* é a grande ilusão procedente das limitações da consciência pura produzidas pelos diversos corpos que constituem o ser humano. A nossa percepção do Universo é apenas uma representação fragmentada do Todo, onde temos o nosso mais profundo Ser. Śankara compara essa percepção limitada a uma miragem. À medida que cresce a presença de *sattva*, acentua-se a ação de *Ātman*, produzindo uma expansão de consciência que poderá levar à Iluminação.

COMENTÁRIO – A escravidão termina quando o ser humano conhece (experimenta, vive) a forma essencial do Supremo. Aí cessam a separação, o isolamento, o sofrimento, e nasce num relâmpago a participa-

[27]Vide *Katha Upanishad*, I, 3:10-11. (N.E.)

ção intensa no Todo, na base, na raiz, em Deus, n'Aquilo que não tem nome. É um maravilhoso estado de solidão que, ao contrário do que está mencionado nos dicionários, é plena vivência da Suprema Unidade que engloba todas as coisas visíveis e invisíveis em todos os estágios de desenvolvimento.

127 – Há um algo eterno que existe por si mesmo, sobre o qual repousa a convicção referente ao ego, que é diferente dos cinco envoltórios e testemunha das três condições.

COMENTÁRIO – Na tradição hindu fala-se da existência de cinco corpos (envoltórios), ou de sete (na tradição teosófica). As três condições serão mencionadas no próximo versículo e correspondem ao estado de vigília, sonho e sono sem sonhos. Além desses é mencionado um quarto chamado *Turiya*: Paz Suprema.

128 – Aquele que conhece [tudo o que ocorre nos] estados de vigília, sonho e sono sem sonhos, é consciente da [presença ou ausência da] mente e suas funções (que são boas ou más), e é [a essência por trás da noção de] ego – esse é *Ātman.*

COMENTÁRIO – O ego, o eu inferior, experimenta a realidade através das suas funções e dos sentidos. O que resulta dessa experiência é agradável (bom) ou desagradável (mau). Envolvidos por elas, vivemos e somos atados pelos acontecimentos do mundo externo que nos cerca e envolve.

129 – Quem tudo vê por si mesmo e não é visto por ninguém, quem vitaliza *buddhi* e os outros e não é por eles vitalizado – esse é *Ātman.*

COMENTÁRIO – *Ātman* é o Supremo de onde tudo procede. É ele que energiza todos os veículos (corpos) em função dos quais atuamos. Através dele temos a ligação direta com o Absoluto. Ele é a nossa profunda raiz.

130 – Aquilo que impregna todo o Universo e que não é impregnado por nada, que faz todas as coisas brilharem, mas que nada pode o fazer brilhar – esse é *Ātman*.[28]

COMENTÁRIO – *Ātman* é a Luz infinita que brilha em todas as coisas, a Vida Eterna que constantemente se expressa através de miríades de formas. É a Sabedoria Suprema, o Amor sem limites. A bem-aventurança que está oculta no coração das criaturas e que Śankara tenta despertar neste texto.

131 – Por causa de sua proximidade [de *Ātman*], somente o corpo, os órgãos, *manas* e *buddhi* aplicam aos seus próprios objetos como se agissem através de algum outro.[29]

COMENTÁRIO – O corpo, os órgãos *manas* (mente) e *buddhi* (intuição) estão próximos dos objetos, ao contrário de *Ātman* que é a raiz de tudo e está muito distanciado de seus envoltórios, devido à sua sutileza. Isso não significa, entretanto, que, oferecidas as condições apresentadas no texto, não possamos ser possuídos por sua inefável presença.

132 – *Ātman*, tendo a forma da consciência eterna, faz com que todos os objetos, desde *ahamkāra* até o corpo, o prazer e o restante, sejam percebidos assim como uma jarra (é por nós percebida).

COMENTÁRIO – É de *Ātman* que vem a luz da consciência que faz com que percebamos todas as coisas.

133 – Este *Purusha*, *Ātman* essencial, é perpétuo, anterior a todas as coisas, não condicionado, felicidade absoluta; tem eternamente a mesma forma e conhecimento de si mesmo e é a força impulso-

[28]Vide *Chāndogya Upanishad* III 11:6; *Bhagavad-Gitā* 10:42; *Katha Upanishad* II 5:15; *Mundaka Upanishad* II, 2:10; *Svetāsvatara Upanishad* VI, 14. Editora Teosófica, 2011 (N.E.)

[29]Em outras traduções, aforismo n° 129: "Pela mera presença de *Ātman*, este corpo, os órgãos, a mente e o intelecto cumprem, como servos, com suas respectivas funções". (N.E.)

ra de todos os órgãos dos sentidos, por exemplo do falar (*vāk*), e dos ares vitais (*prāna*).[30]

COMENTÁRIO – É de *Ātman*, a fonte eterna de paz que temos no nosso centro mais sutil (coração), que vem a energia que impele a vida (*prāna*), a palavra, os nossos pensamentos. Os homens, e todos os seres visíveis e invisíveis, estão constantemente vibrando, emitindo energia. São como uma fonte que jorra água e se renova de momento a momento, mantendo sua forma durante certo tempo.

134 – Esta consciência espiritual imanifestada começa a se manifestar como uma aurora no coração puro e brilha como céu do meio dia na "caverna da sabedoria" (o *agnicakra*), iluminando todo o Universo.[31]

COMENTÁRIO – A expressão "coração" apresenta-se aqui com uma conotação completamente diferente do órgão vital que impulsiona o sangue no nosso organismo. Coração é o cerne, o âmago onde começa a brilhar essa consciência espiritual. Já a "caverna da sabedoria" é algo mais profundo dentro do "coração". Aqui temos, portanto, subentendidos na expressão "coração", vários estados de consciência que vão desde a Luz Infinita, que a tudo permeia, até as primeiras manifestações dessa Luz depois de vencer as diversas camadas que impedem que brilhe em toda a sua plenitude. No Ser supramente iluminado (*Buddha*), naquele que atingiu a Libertação (*Kaivalya*) e que vive na plenitude do Nirvana esta Luz infinita é uma presença constante em sua vida.

135 – O conhecedor das modificações de *manas* e *ahamkrti*, das ações realizadas pelo corpo, órgãos e vitalidade (*prāna*) está neles

[30] Vide *Brihadāranyaka Upanishad* III, 4 e IV, 3:23, e outras passagens. Também *Kena Upanishad* II, 4 e final. (N.E.)

[31] Em outras traduções, aforismo n° 132: "Neste mesmo corpo, na mente repleta de *sattva*, na secreta caverna da inteligência, no *ākāsha* conhecido como o Imanifestado, *Ātman*, de glória esplendorosa, brilha como o Sol alto no céu, iluminando este Universo através de Seu próprio resplendor". (N.E.)

presente, como o fogo está presente no ferro por ele aquecido, mas não age, nem se modifica ou produz ações.

COMENTÁRIO – O conhecedor das modificações é como um espelho perfeito que reflete as coisas, mostrando-as como elas são sem nenhuma participação ativa no processo. A percepção que normalmente temos de um objeto é deformada pelo condicionamento acumulado, gerando preconceitos que deformam completamente a realidade. A percepção pura só ocorre quando desaparecem as barreiras entre o sujeito (o observador) e o objeto.

136 – Aquele eterno não é nascido, nem morre, cresce, decai ou se modifica. Nem é dissolvido pela dissolução deste corpo, assim como o espaço não é dissolvido com a dissolução de uma jarra.

COMENTÁRIO – A base de tudo, onde temos o nosso mais profundo Ser, é o Incriado. Os budistas a cognominam de *Tathata*: a Absoluta Realidade da essencialidade. É a Natureza última de todos os fenômenos, a Verdade última. Deixar que ela aflore em nossas vidas é o que Śankara deseja.

137 – O supremo Espírito (*Paramātman*) é diferente de *prakriti* (natureza manifestada) e suas manifestações, e tem como característica essencial a consciência pura; é indivisível, manifestando essa infinidade de realidade e irrealidade – a essência subjacente à noção do "Eu". O "Eu" que se manifesta (atua sem desejo ou motivo para a ação) nas condições de vigília, sonho e sono profundo, como a Testemunha (ou sujeito) de *buddhi*.

COMENTÁRIO – Neste complexo versículo Śankara mostra o supremo Espírito, o que está além de *Ātman* (*Paramātman*).

138 – Oh discípulo, com a mente sob controle, percebe diretamente isto, *Ātman* em ti como "Isto sou Eu"; através da tranquilidade de *buddhi* cruza o mar sem costas da mutável existência

cujas ondas são o nascimento e a morte e alcança a tua meta, repousando, então, firmemente na forma de *Brahman*.

COMENTÁRIO – A primeira condição para o viajante que almeja pôr fim ao processo do vir-a-ser e alcançar a Deus, ou Aquilo que não tem nome, pois é grande demais para se limitar, é controlar a mente. A mente é o grande assassino do Real como diz o texto tibetano *A Voz do Silêncio*. Sem pacificá-la é impossível alcançar a meta suprema: *Brahman*, o Absoluto.

139 – A escravidão é a convicção de um "eu" como sendo algo relacionado a um não eu. Da ignorância, ou erro, nasce a causa do nascimento, da morte e do sofrimento do indivíduo assim condicionado. E é somente deste erro que ele nutre, unge e preserva este corpo, confundindo o que é irreal como sendo Real e se envolve nos objetos dos sentidos da mesma forma que um inseto produz um casulo e se prende na sua própria secreção.

COMENTÁRIO – Somos nós que devido à ignorância nos escravizamos por nossos pensamentos, palavras e ações ou pelos emitidos por outros. É neste cipoal que estamos presos e nele sofremos ao longo de inúmeras vidas. Um estado que se contrapõe ao Nirvana que é imutável. Para transcender esse processo do vir-a-ser (*samsāra*) temos que nos libertar do *karma* e alcançar a paz infinita.

140 – Oh amigo, ouça! A noção de que existe um ego, em alguém iludido por *tamas*, torna-se fortalecida. Dessa ausência de discernimento brota a noção de tomarmos um pedaço de corda por uma serpente. Daí provém esse grande sofrimento em quem aceita essa noção. Portanto, a aceitação de algo que não existe (*asat*) como sendo o Ser é escravização.

COMENTÁRIO – Quando consideramos em última análise o "Eu" como sendo algo objetivo, estamos presos a um conceito ilusório. Na realidade esse conceito não existe, pois é apenas a projeção de nossos condicionamentos resultantes de vidas sucessivas.

141 – O poder velador [*āvriti*] de *tamas* encobre completamente *Atman* que, tendo poderes infinitos (*vibhava*), é indivisível, eterno e o poder não dual de conhecimento; assim como *Rāhu* [um demônio da mitologia hindu que provoca a sombra projetada pela Lua] causa eclipse no Sol.

COMENTÁRIO – *Tamas* é uma qualidade da matéria já analisada em versículos anteriores. A sua principal característica é a da inércia, imobilidade, preguiça, cristalização. É como uma nuvem escura, densa, viscosa, que envolve a luz resplandecente de *Ātman*, fazendo com que o indivíduo mergulhe na treva espessa da ignorância (*avidyā*), causando todo o sofrimento que daí decorre.

142 – Quando desaparece no indivíduo o conhecimento da identidade de *Ātman* – um conhecimento que possui a imaculada radiância – o indivíduo iludido imagina que este corpo, que é o não ser, seja o Ser. O grande poder de expansão de *rajas*, chamado *viksepa* (extensão), produz uma grande dor nesse indivíduo, causada pelas cordas que o escravizam, tais como a luxúria, cólera etc.

COMENTÁRIO – Quando perdemos aquela pureza fundamental que nos vem da plena radiância de *Ātman* em nossas vidas, começa o processo de escravização. Nascem então os sentimentos de luxúria, ódio, inveja, cólera, egoísmo que vão se constituindo em verdadeiras cordas que, gradualmente nos escravizam e causam um sofrimento crescente. Tudo isso é provocado pelo poder expansivo de *rajas*.

143 – Esse homem de intelecto pervertido, sendo privado do conhecimento real de *Ātman,* que foi devorado pelo "tubarão" da grande ilusão, está sujeito à existência condicionada devido a

essa energia expansiva (*viksepa*).[32] Assim ele, com uma conduta desregrada, sobe e desce neste oceano da existência condicionada [*samsāra*] o qual está repleto de veneno [decorrente dos prazeres dos sentidos].

COMENTÁRIO – Aquele que perdeu a consciência de *Ātman* é como um cego completamente indiferente às belezas da Realidade transcendente. Devido a isso torna-se como um joguete sujeito aos impactos constantes do processo do vir-a-ser.

144 – Assim como as nuvens tornam-se visíveis sob a ação dos raios do Sol e manifestam a sua presença ocultando-o, o egoísmo, surgindo através da conexão com *Ātman*, manifesta-se ocultando o caráter Real de *Ātman*.

COMENTÁRIO – O egoísmo é como uma sombra que se torna cada vez mais espessa e maior, terminando por absorver completamente a refulgência natural de *Ātman*. Aquele que sucumbe a ele isola-se cada vez mais e passa a se considerar o centro do mundo. Para ele só o "meu" importa, o resto é algo que deve ser consumido a fim de aumentar o poder do seu eu.

145 – Assim como acontece num dia que não seja propício, quando espessas nuvens encobrem o Sol e as cortantes rajadas de vento atormentam as nuvens, o mesmo ocorre quando o ego é a todo instante envolvido por *tamas*, fazendo com que o homem, com *buddhi* iludido, seja sobrecarregado por muitos sofrimentos sob a ação do intenso poder expansivo (*viksepa*).

COMENTÁRIO – *Rajas* é poder, um incrível poder expansivo que se autoestimula à medida que somos possuídos pelos seus acelerados estímu-

[32] Em outras traduções, no aforismo n° 141 é referido: "Comporta-se assim, embora os diferentes estados de *buddhi* sejam atributos sobrepostos a *Ātman*". E ao final acrescenta: "Certamente este é um destino miserável!" (N.E.)

los. A cada estímulo sobrevém uma resposta que, por sua vez, exige um estímulo maior. É algo idêntico ao uso das bebidas ou de drogas estupefacientes que exigem, cada vez mais, doses maiores. E o processo termina, quase sempre, na autodestruição.

146 – A escravização do indivíduo é produzida por esses dois poderes (*tamas* e *rajas*); iludido pelos dois, ele pensa que o corpo é *Ātman* [e segue vagando de corpo em corpo].

COMENTÁRIO – As duas qualidades da matéria, mencionadas no versículo anterior, são as principais causas da servidão que imobiliza os seres humanos. Nasce daí a ilusão de que este nosso corpo é *Ātman*.

147 – Na árvore do *samsāra* a semente é *tamas* [ignorância], o broto é a identificação com o corpo, o apego é a folha, o *karma* é a seiva, o corpo é o tronco, os ares vitais são os ramos dos quais os extremos superiores são os órgãos, as flores são os objetos (dos órgãos), o fruto é a variedade de sofrimentos procedentes desse múltiplo *karma*, e *jīva* (eu individual) é o pássaro que se alimenta.

COMENTÁRIO – Neste versículo, Śankara revela, de forma figurada, os principais elementos componentes de um ser humano. Somente tronco, galhos, flores e frutos são aqui representados com conotações próprias, simbólicas, para serem desenvolvidos pelo processo de interiorização que nos oferece a meditação. O pássaro que se aproveita de todo esse conjunto é o nosso ego individual (*jīva*).

148 – A servidão do não ego, enraizada na ignorância, produz a correnteza de todo nascimento e morte, velhice e doença e outros males a *jīva*, que, pela sua própria natureza, manifesta-se sem princípio ou fim.

COMENTÁRIO – Está na ignorância (*avidyā*) a raiz de todos os problemas. É ela a causa deste processo cíclico que envolve os seres manifestados no Universo. Desde a maior estrela até o ínfimo microorganismo, tudo está mergulhado nela. Śankara aponta-nos um caminho e nos estimula a pormos um fim a essa situação dramática.

149 – Não podemos cortar essa servidão (escravidão) por meio de armas ofensivas ou defensivas, nem pelo vento ou pelo fogo ou por dez milhões de atos (religiosos), mas somente pela grande espada do discernimento, afiada e brilhante, pela utilização do *Yoga*.

COMENTÁRIO – Para acabar com essa dependência que constantemente se manifesta, de nada adiantam métodos violentos. Só o *Yoga*, ou seja, a prática serena da experiência da união com Aquilo onde sempre estivemos, estamos e estaremos, resolve. Então, subitamente, temos a plena consciência de que nunca fomos escravos.

150 – Para o homem que tem sua mente fixa nas conclusões dos *Vedas* há a aplicação nos deveres a ele prescritos. De tal aplicação vem a autopurificação de *jīva*. No purificado *buddhi* está o conhecimento de *Ātman,* de onde provém a extinção da vida condicionada até suas raízes.[33]

COMENTÁRIO – Há neste versículo uma sequência que começa com a mente fixa (a plena atenção) no que preceituam os *Vedas*. Os *Vedas*, hinos sagrados da Índia, contêm, segundo uma antiquíssima tradição milenar, a Sabedoria Divina revelada aos homens através dos *Rishis* (homens santos) que, graças à sua pureza, puderam captar a essência desse conhecimento supremo. Segue-se a aplicação em palavras, pensamentos e ações desses preceitos. Como consequência dá-se a autopurificação do ego individual (*jīva*), e consequentemente *buddhi* – a camada superior da mente – é purificado, nascendo daí o conhecimento de *Ātman*, e com ele a extinção imediata de toda vida condicionada.

[33] Vide *Bhagavad-Gitā*, capítulos III e IV. Editora Teosófica, 2011 (N.E.).

151 – Assim como a água em um tanque coberto de limo não pode ser vista, *Ātman* envolvido nos cinco envoltórios produzidos pelo seu próprio poder, começando com *annamaya* (corpo físico), não pode se manifestar.

COMENTÁRIO – A natureza pura e supremamente iluminada de *Ātman* é como um espelho coberto de poeira. Para que a realidade a sua frente possa se manifestar tal qual é, o espelho tem de ser limpo. Essa limpeza pode ser rápida quando somente existe uma fina camada de pó ou demorada quando as crostas se formaram ao longo do tempo. Em ambos os casos, entretanto, o espelho lá está sempre pronto a refletir a realidade.

152 – Quando se remove o limo, vê-se a água pura capaz de saciar a sede e mitigar o calor, dando imediatamente ao homem uma grande alegria.

COMENTÁRIO – Removidos os obstáculos, a Realidade transcendente brilha com toda a intensidade, pronta a ser percebida pelos que se qualificaram para percebê-la. A paz, a bem-aventurança, o êxtase, a alegria transbordante é o testemunho vivo da sua presença em nós.

153 – Quando forem removidos os cinco envoltórios, o puro *Pratyagātman* (o *Logos*)[34] brilhará em todas as direções – a eterna felicidade que a tudo permeia e é uma presença viva.

COMENTÁRIO – *Ananda*, a paz que ultrapassa o entendimento humano, é uma inefável Presença que está envolvendo o Todo e todas as coisas contidas em seu seio. Nela sempre estivemos mergulhados por toda a eternidade. Sentir a sua presença é cortar num relâmpago a ilusão do tempo e do espaço e deixar fluir em borbotões o que sempre esteve dentro de nós.

[34] O tradutor M. Chatterji utiliza a palavra grega *Logos*, neste texto, geralmente substituindo o sânscrito *Pratyagātman* ou *Paramātman*, significando o Ser Universal, ou para *Īshvara*, o Senhor, título dado a "Deus" como entidade. (N.E.)

154 – Um homem sábio tem de adquirir o discernimento entre o Espírito e o não espírito; pois é somente realizando o Ser que é existência (*Sat*), consciência (*Chit*) e bem-aventurança (*Ananda*) absolutos que ele pode se tornar uno com essa bem-aventurança.

COMENTÁRIO – Realizar o Ser significa penetrar na essência, no âmago, no coração; romper as barreiras da existência, alcançar os limites da expansão de consciência e vivenciar a paz suprema.

155 – Aquele que tiver discernido o *Pratyagātman*, que é sem apego ou ação, da categoria dos objetos – assim como o junco é diferente de outras espécies vegetais – e tiver imersas todas as coisas nele, encontra por fim a paz ao saber que "Aquilo" é o verdadeiro Ser, e com isso ele se emancipa.

COMENTÁRIO – Ao perceber que o Todo a que tudo pertence é a individualidade do homem, e tendo nele mergulhado, alcançamos a libertação do infindável drama do vir-a-ser.

156 – Este corpo produzido pelo alimento, que vive através da alimentação e que perece quando ela falta, e que é uma massa de pele, carne, sangue, ossos e impurezas, é o envoltório *annamaya* (corpo físico) que não pode ser considerado como o Ser que é puro e eterno.

COMENTÁRIO – Este nosso corpo físico que tanto adoramos, que é lavado, massageado, perfumado, submetido a operações plásticas em busca da beleza, é apenas o produto do alimento que ingerimos e a morada do verdadeiro Senhor puro e eterno.

157 – Este *Ātman* existe antes do nascimento e da morte e aí está agora. Como pode aquilo que é o verdadeiro Ser, o conhecedor da condição e modificação, ser algo efêmero, mutável,

diferenciado, um mero veículo da consciência?[35]

COMENTÁRIO – *Ātman* reina supremo acima de todas as nuvens. É como o Sol resplandecente que não podemos olhar diretamente sob pena de destruirmos os nossos olhos. Dele nos vem a vida, o calor, o alimento; sem ele desapareceríamos imediatamente.

158 – O corpo possui mãos, pés e tudo o mais. Isso não é o nosso verdadeiro Ser, pois embora possam ser retirados membros deste corpo, [*Ātman*] por ser o princípio vivificador e pela indestrutibilidade de seus vários poderes, permanece o controlador e não é controlado.

COMENTÁRIO – No mais profundo do nosso ser Ele está. De lá provém o controle, a energia, o entusiasmo que nos arrebata, a esperança, a voz do silêncio, o Mestre que nos guia, a paz que nos possui. Ele, ou melhor Aquilo, é *Ātman*. Aquilo é *Brahman* (o Absoluto).

159 – Uma vez que o verdadeiro Ser é a Testemunha do corpo e das suas propriedades, das suas ações e das suas condições, é autoevidente que nenhuma dessas qualidades pode ser uma marca característica de *Ātman*.

COMENTÁRIO – O corpo humano que utilizamos (vestimos) é importante, mas não é o verdadeiro Ser que o comanda. É apenas um instrumento utilizado pelo artista que o possui. Como instrumento é importante ser bem tratado, afinado, alimentado corretamente a fim de que possa render o máximo.

160 – Repleto de miséria, coberto pela carne, repleto de impurezas, de pecado, como pode ser o corpo o Conhecedor? *Ātman* é diferente de tudo isso.

[35]Refere-se ao corpo físico, que é transitório, inerte, um objeto dos sentidos. (N.E.)

COMENTÁRIO – Façamos uma reflexão profunda sobre o nosso corpo, não só externamente como internamente. Ele é o resultado de ações e reações anteriores (*karma*) que se apresentam hoje sob a forma de deficiências físicas e psíquicas que decorrem dos nossos erros do passado, do fato de não sabermos nos alimentar, sentar, andar, utilizar as nossas emoções e pensamentos. O ego que o anima e dele se utiliza é o conhecedor de onde advém o sentido do eu.

161 – O homem iludido considera que o ego é uma massa de pele, carne, gordura, ossos e impurezas. O homem de discernimento conhece a forma essencial do Ser, que é a suprema Verdade e que não possui essas marcas características.

COMENTÁRIO – Não devemos identificar o nosso corpo físico denso com *Ātman*, o Senhor supremo que habita essa morada temporariamente. De sua presença, eternamente vigilante, vem a inspiração que sentimos em alguns momentos de nossas vidas, que aquece nossos corações e faz surgir a presença de algo verdadeiro e eterno.

162 – "Eu sou o corpo" – esta é a opinião de um homem iludido. Um homem instruído considera a si mesmo como sendo uma combinação do corpo e de *jīva*. A Grande Alma que possui o discernimento e a percepção direta do "Eu sou *Brahman*" (o Absoluto), vê no eterno *Ātman* seu próprio Ser.

COMENTÁRIO – Neste versículo vemos claramente delineado três tipos de seres humanos: l) o homem comum para quem o corpo é ele mesmo; 2) o homem instruído que pensa, reflete e percebe a existência de um ator por trás da máscara; 3) a Grande Alma (*Mahatma*) que tem a percepção direta de ser idêntica ao Absoluto.

163 – Oh vós de julgamento iludido, abandonai a opinião de que sois uma massa de pele, carne, gordura, ossos e impurezas. Saiba que o Ser real a tudo permeia, que é o imutável *Ātman* e

assim obtém a paz.

COMENTÁRIO – Śankara procura, nesta sua obra *A Joia Suprema da Sabedoria,* induzir o leitor à percepção de uma paz suprema, libertando-o de vez dos sofrimentos. Essa paz existe, é uma realidade apesar da violência e do conflito que caracterizam as nossas vidas e a sociedade em que vivemos. Aquele que se sentir tocado por suas palavras e começar a vivenciar essa paz, transforma-se em um precioso instrumento para o estabelecimento de uma nova ordem social – a revolução das revoluções – onde esse estado de percebimento seja uma realidade. E podem ficar certos, com isso, todos serão tocados.

164 – Enquanto o homem instruído não abandonar a noção de que ele é o corpo, os órgãos e o resto, produtos da ilusão, não haverá para ele prerrogativa de salvação, mesmo que seja conhecedor dos *Vedas* e do seu significado metafísico.

COMENTÁRIO – Enquanto estivermos identificados com o nosso corpo, emoções, pensamentos, sentindo-nos separados de todos os outros, não haverá salvação. De nada adianta todo o conhecimento acumulado na chamada literatura sagrada, pois não terá valor algum para quem não vivenciar o que está por trás das palavras.

165 – Assim como nossa ideia de um eu nunca é baseada na sombra ou reflexo do corpo, ou do corpo visto num sonho ou imaginado pela mente, assim também deve ser com o corpo vivo.

COMENTÁRIO – A ideia de que possuímos um eu é muito mais complexa do que nos parece em um julgamento superficial. Esse sentido de centro, de onde nasce a percepção da existência de um eu separado, decorre da interveniência acumulativa de numerosos fatores. O mesmo ocorre quando se trata do corpo vivo.

166 – A falsa convicção de que somos meramente o corpo é a

semente que produz a dor sob a forma de nascimento e do resto. Esforços têm de ser feitos para abandonar essa ideia. A atração em direção à existência material cessa então de existir.

COMENTÁRIO – Eu não sou este corpo físico, nem as emoções, nem os pensamentos que torvelinham em minha mente! Sou algo puro, insubstancial, eterno, que expressa uma paz infinita! Eu sou onipotente, onisciente e onipresente! Quando esse estado de consciência se manifesta, cessa toda a atração em direção à existência material.

167 – Condicionada pelos cinco órgãos da ação, esta vitalidade torna-se o envoltório *prānamaya* através do qual o ego corporificado executa todas as ações no corpo material.

COMENTÁRIO – Há uma Vida infinita difusa em todos os quadrantes. Essa Vida é substancialmente Luz (um supremo estado de consciência). Ela atua através de *Ātman* (espírito, mônada, centelha) que possui ao seu redor uma zona de influência onde atua. Essa "atmosfera" constitui o corpo vital (*prānamaya*). É através dele que o ego atua nos corpos densos.

168 – *Prānamaya*, sendo uma modificação do sopro da vida [*vāyu*] que chega (sístole) e que vai (diástole), que entra (inspiração) e que sai (expiração), assim como as correntes de ar, também não é *Ātman*, pois não pode, por si mesmo, discriminar entre o bem e o mal, o Ser real e um outro, ele é sempre dependente de outro (eu).

COMENTÁRIO – *Ātman* é como um Sol. Dele procedem a vida e a luz. A estrela que chamamos Sol é Energia pura. Dele constantemente jorram os *prānas* (fluxos vitais) que constituem todas as coisas. Se ele cessasse de atuar, imediatamente se daria a grande dissolução. É devido à sua ação criativa que se produz o corpo vital que alimenta toda a manifestação. Esse corpo vital depende sempre de outro (da causa que o gerou). Da mesma forma que a estrela que chamamos de Sol e que é o centro de nosso sistema solar, o nosso *Ātman* é também um Sol com a sua zona de influência através de nossos divinos corpos, ao nosso redor. O nosso corpo vital (campo de influência) não é *Ātman*, mas dele emana.

169 – Os órgãos da sensação junto com *manas* (mente) formam o envoltório *manomaya* que é a causa (*hetu*) da diferenciação entre o eu e o meu. Ele, *manomaya*, é resultado da ignorância, preenche o envoltório anterior e manifesta seu grande poder distinguindo por nomes os objetos etc.

COMENTÁRIO – É o corpo mental (*manomaya*) que fragmenta a realidade através dos sentidos e nos faz perder a percepção direta do que verdadeiramente é. Ele nos cega com suas miragens, fazendo com que vivamos num mundo de faz de conta completamente diferente da essência das coisas.

170 – O fogo do envoltório *manomaya* é alimentado com os objetos dos sentidos, tal como se fosse pela manteiga derretida, como o fazem os cinco sacerdotes (*hotrs*) com suas oblações ao fogo, e ardendo com o combustível dos múltiplos desejos, consome este corpo feito de cinco elementos.[36]

COMENTÁRIO – Os cinco elementos constituintes do corpo são *akasha* (*éter*), ar (*vāyu*), fogo (*agni*), água (*apas*) e terra (*pritivi*). Vejamos a sua significação. O éter simboliza a matéria primordial, a energia básica de onde procedem e a ele voltam todos os seres manifestados. O vento é o Espírito Divino que sopra de dentro para fora e impele as criaturas no longo processo de aperfeiçoamento que é a evolução. Já o fogo significa a força do ego (o ser mais profundo) que se dirige para os planos mais altos da manifestação. A água simboliza as emoções, os desejos e as ilusões. Já a Terra é o plano físico onde vivem os seres.

[36] Em outras traduções, aforismo n° 168: "*Manomaya* é como o fogo (do culto sacrificial), alimentado pelo combustível dos múltiplos desejos provenientes dos cinco órgãos dos sentidos – avivados pelos objetos sensoriais – os quais servem como se fossem sacerdotes (*hotrs*) das oblações, resultando neste Universo fenomênico." (N.E.)

171 – Não há *avidyā* além de *manas*. *Manas* em si mesmo é *avidyā*, o instrumento que produz a escravidão da existência condicionada. Quando aquela *avidyā* é destruída, tudo é destruído; e quando é manifestada tudo é manifestado.

COMENTÁRIO – É a mente que produz a ilusão, a ignorância em que estamos envolvidos. É ela que discrimina, através dos órgãos dos sentidos, o observador da coisa observada e constrói a sensação que faz com que nos consideremos um eu isolado de todos os outros. Enquanto estivermos presos nas suas malhas, iludidos que nada há além dela, estaremos sofrendo os efeitos da mecânica lei de causa e efeito (*karma*) que nos escraviza no mundo do vir-a-ser.

172 – No sonho, quando não há uma realidade substancial, entramos num mundo de divertimentos pelo poder de *manas*. Também isso ocorre na vida de vigília, sem qualquer diferença; tudo isso é manifestação de *manas*.

COMENTÁRIO – Tanto no estado de sonho como no de vigília o pensamento se manifesta. Ele é o resultado da memória, do registro de impressões anteriores nos níveis consciente, subconsciente ou inconsciente.

173 – Todos sabem que quando *manas* está mergulhado num estado de sono sem sonhos nada permanece. Daí se conclui que os conteúdos de nossa consciência são criados por *manas* e não têm uma existência real.

COMENTÁRIO – O mundo das formas, das sensações, dos prazeres e das dores criado pelos sentidos se extingue quando dormimos profundamente. Continuamos vivos, pois os nossos processos vitais continuam em curso, só que não temos consciência de um eu e do mundo ao nosso redor. Neste momento *manas* é transcendido e mergulhamos em algo que não deixa registro, tal a sua sutileza.

174 – As nuvens são reunidas pelo vento e por ele dispersas. A servidão é criada por *manas*, e por ela se dá a emancipação da escravidão.

COMENTÁRIO – O pensamento escraviza quando não conhecemos seu mecanismo e não sabemos como controlá-lo. Mas quando percebemos a essência do processo, podemos utilizá-lo para alcançar a libertação das suas engrenagens. Dá-se então um "salto transversal", um sair de uma rotina e o alcançar de uma nova consciência completamente desconhecida até então.

175 – Tendo produzido o apego ao corpo e a todos os outros objetos, *manas* prende o indivíduo assim como um animal é preso por uma corda; a seguir, tendo nele se produzido uma aversão a essa corda[37], como se ela fosse um veneno, *manas* livra-se dessa prisão.

COMENTÁRIO – É o pensamento que causa o desejo de posse, dele nasce o apego às coisas. Daí advém o sofrimento gerado pela tensão acumulada desse apego. Mas quando compreendemos a origem desse sofrimento, libertamo-nos do desejo e do consequente apego.

176 – *Manas* é portanto a causa da escravidão do indivíduo e também de sua liberação. *Manas*, quando manchado pela paixão, é a causa da servidão; e da liberação quando se torna puro, destituído de paixão [*rajas*] e de ignorância [*tamas*].

COMENTÁRIO – A causa da escravidão, de onde provém todo o sofrimento que caracteriza a vida humana está na mácula (mancha) produzida pelas violentas paixões. É necessário que purifiquemos e pacifiquemos a mente, a fim de alcançar aquele estado onde tudo que antes parecia estar turvo, carregado, viscoso se torna translúcido. Então a consciência de *Ātman*, suprema e incontaminada, pode refulgir em toda sua grandeza.

---

[37] A corda representa os objetos que prendem o indivíduo. (N.E.)

177 – Quando predominam o discernimento [*viveka*] e o desapaixonamento [*vairagya*], *manas*, tendo atingido aquele grau de pureza, torna-se apto para a liberação, e, portanto, esses dois atributos de um homem desejoso por liberação e preenchido por *buddhi* têm de ser fortalecidos de saída.

COMENTÁRIO – A iluminação é um estado potencial que existe em todos os seres visíveis e invisíveis. Algum dia todos se transformarão em Buda (seres iluminados). *Buddhi* é uma semente que tem de ser cuidada carinhosamente a fim de que possa eclodir algum dia. Para que isso ocorra, temos que praticar em todos os momentos pensamentos, palavras e ações puras, procurando eliminar, pelo poder do discernimento, tudo o que puder macular a natureza pura do indivíduo.

178 – O grande tigre chamado *manas* perambula pela floresta dos objetos. Os homens puros, desejosos de liberação, lá não penetram.

COMENTÁRIO – Os seres humanos que já sentiram em si um chamado interior não mais vagueiam na floresta onde diversos objetos atraem os que estão possuídos pelos desejos. Com isso a paz que sentem aumenta gradativamente.

179 – *Manas*, através do corpo denso e do corpo sutil de quem os utiliza, cria objetos de desejo e perpetuamente produz diferenças de corpo, casta, cor e condição, todas resultantes da ação das qualidades.

COMENTÁRIO – As três qualidades da matéria (*gunas*) são: *tamas* (inércia), *rajas* (movimento) e *sattva* (harmonia). Todos os seres possuem em sua constituição esses componentes, de onde resultam todas as diferenciações mencionadas no versículo anterior.

180 – *Manas*, tendo envolvido em nuvens a consciência absoluta que é sem apegos, adquire as noções do "eu" e do "meu", e atra-

vés do apego ao corpo, aos órgãos e à vida, peregrina incessantemente experienciando o fruto de suas ações.

COMENTÁRIO – A Consciência absoluta, pura, incontaminada brilha intensamente por trás de todas as coisas criadas. A iluminação se dá quando conseguimos varar essa camada de nuvens e alcançar as profundezas do nosso coração onde mora eternamente a bem-aventurança.

181 – Ao atribuirmos as qualidades de *Ātman* àquilo que não é *Ātman* são criadas as séries de encarnações. Essa atribuição é causada por *manas*, que é a causa primária do nascimento, sofrimento etc. em um homem desprovido de discernimento e manchado por *rajas* e *tamas*.

COMENTÁRIO – A causa principal das encarnações periódicas, diz o versículo, é *manas*. Nele estão as raízes de todo o encadeamento de causas e efeitos que leva à densificação periódica de *Ātman*, ao seu mergulho na forma. Para isso contribuem as máculas produzidas por *rajas* (movimento) e *tamas* (inércia).

182 – E por isso os homens sábios que viram a Verdade chamam *manas* de *avidyā*, que faz "vaguear" o Universo assim como as nuvens "vagueiam" quando tocadas pelo vento.

COMENTÁRIO – Sábio é aquele que penetra na raiz das coisas e que pressente por trás das formas evanescentes o que é perene. Com essa percepção ele sabe, por experiência direta, que tudo o que nos cerca e parece estável, consistente, é produto da ignorância.

183 – Por essa razão dolorosa devemos possuir um desejo de libertação para purificar nossa mente. Quando ela se purifica, a libertação é a consequência imediata.

COMENTÁRIO – Purificar a mente é filtrá-la das impurezas que impedem sua translucidez. Estando turva e sujeita a violentas tempestades, como podemos perceber o que está por trás dela? Diante de uma pessoa irada, que emite sua ira em ondas sucessivas ao seu redor, em verdadeiras explosões emocionais, devemos auxiliá-la permanecendo em paz profunda e emitindo pensamentos que a auxiliem a vencer a crise. Nunca discutir, mas sim apresentar argumentos, pois o processo da raiva não é racional. Se tivermos que falar, escolhamos cuidadosamente as palavras para evitar colocar combustível na fogueira. Permaneçamos a qualquer custo numa posição pacífica.

184 – Através do desejo único pela libertação, tendo desenraizado o apego aos objetos e renunciado ao interesse pessoal na ação, com uma reverenciada pureza, aquele que é devotado ao estudo (*sravana*) e a coisas semelhantes retira a paixão (*rajas*) da mente.

COMENTÁRIO – É indispensável um intenso propósito para alcançarmos a libertação, para fugirmos ao infindável processo do vir-a-ser que nos escraviza. Para isso uma condição fundamental é que tenhamos uma firme determinação (*viryā*). É ela que nos inspira, alivia, refresca nos momentos de crise, quando o desânimo se apossa de nós e as forças começam a faltar. O estudo, a prática do autocontrole, a meditação nos auxiliam a recuperar a pureza perdida.

185 – Mesmo o envoltório *manomaya* não é *Ātman*, pois tem princípio e fim, sua natureza é mutável e suas características são produtoras de sofrimentos, sendo por tudo isso objetivo. O que vê (ou o sujeito) não é visto por aquilo que, devido à sua natureza, é percebido (objeto).

COMENTÁRIO – O sujeito é como um espelho refletindo o que está a sua volta e o que os sentidos, com todas suas limitações, podem detectar. O objeto é composto de energia concentrada em vários graus de densificação e está sujeito à lei do *karma* (causa e efeito).

186 – *Buddhi*, com suas funções e combinado com os órgãos de percepção, torna-se o envoltório *vijñānamaya* (veículo da consciência), cuja característica é a ação que é a causa, do processo de nascimentos e mortes.

COMENTÁRIO – Śankara continua com a análise dos diversos corpos que sucessivamente envolvem *Ātman* e servem de veículo a sua atuação nos planos mais densos. No próximo versículo há mais explanações a esse respeito.

187 – A modificação de *prakriti* chamada de envoltório *vijñānamaya* resulta do envoltório da individualidade que reflete *Ātman* e que possui as faculdades de cognição e ação e cuja função é especializar o corpo, órgãos e outros, assim como o ego.[38]

COMENTÁRIO – Cada envoltório (corpo) serve para permitir ao ego uma ação mais efetiva nos diversos planos da Natureza. Esses planos contêm energia concentrada em vários graus que se interpenetram sucessivamente desde o mais sutil ao mais denso.

188 – Esse envoltório, não tendo princípio no tempo, é *jīva* ou ego encarnado.[39] Ele é o guia de todas as ações e, governado pelos desejos prévios, produz ações corretas e incorretas, e suas consequências.

COMENTÁRIO – A centelha do Absoluto que em nós se manifesta é atemporal, eterna e imutável. Essa gota do oceano da eternidade apresenta-se como *jīva* (o ego encarnado). Revestido de matéria de diversas densida-

[38] Aforismo n° 185 em outras traduções: "O envoltório de conhecimento (*vijñānamayakosha*), que parece resultar de um reflexo do poder (inteligência) de *Chit*, é uma modificação de *prakriti*; é dotado com a função de conhecimento e sempre se identifica completamente com o corpo, os órgãos dos sentidos etc." (N.E.)

[39] Sua manifestação gira em torno da errônea ideia enraizada de "eu" como uma entidade individual (*jīva*), separada do restante do Universo, e que realiza suas atividades no plano do relativo. (N.E.)

des passa a atuar e ser atuado pelos diversos planos da manifestação.

189 – Ele recolhe experiências provenientes dos vários graus de encarnação, mergulhando e emergindo. As experiências de prazer e dor pertencentes aos estados de vigília, sonho e outras condições advêm de *vijñānamaya*.

COMENTÁRIO – *Vijñānamaya* é o veículo da consciência, um dos corpos sutis de que o ego se reveste. É graças a ele que percebemos as diversas reações que ocorrem no estado de vigília, sonhos e sono sem sonhos.

190 – Caracterizado preeminentemente pela sua íntima proximidade com *Paramātman* (o Supremo) este *vijñānamaya* torna-se a sua base objetiva. É *vijñānamaya* que produz a diferença entre o "eu" e o "meu" e todas as ações pertencentes aos diferentes estágios da vida e condição. Em virtude da "ignorância" [é um véu que] passa de uma existência para outra como inteligência (espiritual).[40]

COMENTÁRIO – De *Paramātman* (o Absoluto, o incriado) procede *Ātman* que é como uma gota que possui todas as características do oceano; *vijñānamaya* é um corpo sutil, que serve de veículo à consciência, de onde nasce a distinção entre o eu e o outro. Dessa distinção nascem os registros *akashicos* que se constituem em sementes que irão se manifestar em vidas posteriores.

191 – Este *vijñānamaya* refletindo a Luz do *Logos* é manifestado nos sopros vitais (correntes sutis do *sūkshma sharīra*) e no coração. Este *Ātman,* sendo incrustado neste *upādhi,* pa-

[40] Aforismo n° 188 em outras traduções: "Ele, *vijñānamayakosha*, continuamente confunde os deveres, as funções e os atributos dos distintos períodos da vida (*āsramas*) como sendo seus próprios, quando de fato pertencem ao corpo. Este envoltório é extremamente radiante, devido à sua proximidade ao Ser supremo (*Ātman*), o qual, identificando-se com este *kosha*, sofre a transmigração pela ilusão (*māyā*), devido a *vijñānamaya* ser um véu sobreposto ao Ser". (N.E.)

rece ser o ator e desfrutador.[41]

COMENTÁRIO – Os vários corpos do homem recebem a energia (*prāna*) emanada do *Logos* (o Sol) e a transformam em correntes sutis que por sua vez alimentam esses corpos. *Ātman*, que é o centro de todos estes corpos, e neles está incrustado, é o "ator" e recebe toda a experiência procedente de inumeráveis atores.

192 – *Ātman*, sendo limitado pela mente[42] parece diferente (dos outros objetos) devido à natureza ilusória assim como um pote de barro (parece diferente) do barro do qual é feito.

COMENTÁRIO – O que nos impede a visão direta de *Ātman* são as diversas roupagens sucessivamente vestidas pelo mesmo e que acabam por mascarar completamente a sua verdadeira natureza.

193 – *Paramātman*, por sua conexão com uma base objetiva, parece partilhar dos atributos (deste *upādhi*) assim como o informe fogo parece partilhar a forma de um objeto de ferro onde ele está inerente. *Ātman* é, por sua própria natureza, essencialmente imutável.

COMENTÁRIO – Assim como um objeto feito de ferro tem uma forma que nasceu da ação do fogo ao derreter esse metal, o mesmo acontece com *Ātman* que, como o fogo, dá forma aos seus sucessivos corpos.

194 – Pergunta o discípulo:

"Quer seja através da ignorância ou qualquer outra causa, *Ātman* invariavelmente aparece como sendo *jīva* (porção mais

[41] Em outras traduções, aforismo n° 189: *Ātman* autoluminoso, que é conhecimento absoluto, brilha em meio ao *prāna*, no coração. Embora imutável, Ele torna-se o agente e experienciador por causa da sobreposição *vijñānamayakosha*". Vide *Brihadāranyaka Upanishad* IV, 3:7. (N.E.)

[42] Refere-se aqui a *buddhi*. (N.E.)

elevada do quinto princípio[43]), e este *upādhi* não tendo princípio, seu fim não pode ser imaginado."

COMENTÁRIO – Upādhi é a limitação imposta ao *Ser* ou *Brahman* pela ignorância que impede, ou dificulta extraordinariamente, a percepção do Real. *Jīva* (o ser vivo) é uma miragem produzida nos vários planos de *prakriti* (natureza) pela presença radiante de *Ātman*.

195 – "Portanto a conexão de *Ātman* com *jīva* parece não ter fim, e a sua condicionada vida parece ser eterna. Então, conta-me, Oh abençoado Mestre, como pode haver liberação?"

COMENTÁRIO – Para os que estão mergulhados na roda de nascimentos e mortes não há esperança de atingir a libertação desse sofrimento. Quando nasce a expectativa de pôr um fim a esse drama, nasce a angustiada pergunta de como isso poderá ser obtido.

196 – O abençoado Instrutor responde:

Oh homem sábio, fizestes a pergunta correta. Agora ouça cuidadosamente. As ilusórias fantasias surgidas do erro não são conclusivas.

COMENTÁRIO – O ser humano, enredado no mundo do pensamento, preso pelos sentidos aos objetos, corroído pelas tensões geradas pelos desejos e apegos, dificilmente achará a saída deste labirinto. Para que isso ocorra é quase sempre indispensável a presença de um Mestre que o inspire no plano visível ou invisível. Ele é o anjo da guarda da tradição cristã, cuja missão é a de nos guiar e proteger nas longas viagens no mundo do vir-a-ser.

197 – Posso afirmar sem erro que *Ātman*, verdadeiramente independente e não ativo, não pode estar ligado aos objetos da mesma

[43] Assim referido por M. Chatterji segundo algumas literaturas teosóficas. (N.E.)

forma que a cor azul, que atribuímos ao céu, é devida a nossa limitada visão.

COMENTÁRIO – *Ātman* não se liga a qualquer objeto. É como o Sol que irradia sua influência aos planetas que constituem o seu sistema. Está presente em cada um deles, sustenta-os com sua energia, mas é independente de todos eles.

198 – O Ser [a Testemunha], sendo sem ação, sem atributos, a tudo envolvendo, é conhecimento e bem-aventurança. Através do erro causado pela mente[44] , parece condicionado (conectado com *jīva*), mas isso não ocorre. Quando esse erro é dissolvido, o condicionamento desaparece, pois é de natureza irreal.

COMENTÁRIO – Ver o Ser significa penetrar na essência, ir ao âmago, ultrapassar o condicionamento. Quando isso ocorre é como se o pesado nevoeiro da manhã tivesse se dissolvido, e a luz do Sol brilhasse com toda intensidade. Então ocorre o verdadeiro conhecimento e uma bem-aventurança infinita transforma-se em presença viva.

199 – Enquanto perdurar esse erro, existirá essa ilusória conexão com *jīva* criada pelo falso conhecimento. A ilusão criada pelo erro de que a corda é uma serpente perdura somente durante esse período de erro – quando a ilusão é destruída nenhuma serpente permanece. É assim que ocorre.

COMENTÁRIO – O Espírito (*Ātman*) é completamente distinto de (*jīva*[45]). A identificação nasce da ilusão gerada pelo condicionamento, e mais uma vez Śankara vale-se da estória da corda que parece ser uma cobra quando está na semiescuridão para explicar essa falsa identificação.

[44] Refere-se a *buddhi*, no sentido vedantino de mente inteligente, porém condicionada por *avidyā*. (N.E.)
[45] Segundo a filosofia oriental, *jīva* é a personalidade mortal, *jīvātma* é a alma imortal; *Ātman* é o espírito e *Paramātman* é o Logos.

200/201 – A ignorância não tem início, e isso se aplica a seus efeitos; mas quando surge o verdadeiro conhecimento, a ignorância[46] – embora sem começo – é inteiramente destruída, como acontece com os sonhos ao despertarmos. Embora sem início, não é eterna, sendo claramente análoga ao *prāgabhāva*.

COMENTÁRIO – Há diversas espécies, graus de conhecimento. O verdadeiro ocorre quando se dá uma total identificação (ponto a ponto) com o objeto observado. É tão importante que o Buda Sakyamuni colocava o Conhecimento Correto (Compreensão) como o primeiro passo na Senda Óctupla que leva a criatura à Iluminação Suprema.

202/203 – A conexão[47] de *Ātman* com *jīva*, criada através da sua base (a mente), embora não tendo começo, é vista como tendo um fim. Portanto essa conexão não existe, e *Ātman* é inteiramente diferente de *jīva* em natureza e atributos. A conexão entre *Ātman* e *buddhi* é estabelecida através do falso conhecimento.

COMENTÁRIO – As conexões, os laços que geram a falsa identificação são criados pela mente. Mas, de fato, não existem, pois são puramente ilusórios.

204 – Essa conexão pode ser somente terminada pelo verdadeiro conhecimento – não pode ser de outra forma. O conhecimento de que *Brahman* (o supremo Espírito) e *Ātman* são uma só coisa é o verdadeiro conhecimento e está de acordo com os *Vedas*.

COMENTÁRIO – No *Chāndogya Upanishad*, parte integrante dos *Vedas*, está dito *Tat Tvan Asi*, ou seja, Tu és Aquilo. Esta é a suprema identidade resultante do verdadeiro conhecimento que nasce quando o observador não está mais sujeito às ilusões nascidas da mente.

---

[46] *Avidyā*: ignorância, véu, falso conhecimento; *vidyā*: verdadeiro conhecimento; *prāgabhāva*: ausência de existência anterior. (N.E.)

[47] Conexão se refere aos atributos sobrepostos a *Ātman*, ou *upādhis*. (N.E.)

205 – Este conhecimento [ou realização] pode ser adquirido apenas pelo perfeito discernimento entre o Ser e o não ser. Portanto o discernimento é para ser praticado em relação ao individual e ao Espírito Universal.

COMENTÁRIO – O discernimento é capaz de identificar o diamante no meio do cascalho. Ele deve ser praticado em relação ao indivíduo em sua identidade fundamental com o Espírito Universal onde ele está mergulhado sem claramente perceber tal fato.

206/207 – Assim como a mais enlameada das águas parece pura quando a lama é removida, o mesmo ocorre com *Ātman* que brilha claramente ao remover-se a irrealidade. [Quando o irreal cessa de existir, o verdadeiro Ser individual compreende-se como o Ser eterno.] Portanto *Ātman* deve ser distinguido de tudo o que pertencer ao falso ser [como o egoísmo].

COMENTÁRIO – O processo de libertação do Ser é como uma filtragem onde os detritos são removidos para que a pureza primordial seja restabelecida. Toda escória pertence ao falso ser que para nós é confundido com o verdadeiro Ser.

208 – Portanto o supremo Espírito não é aquilo que é conhecido como *vijñānamaya*. Devido a sua mutabilidade, caráter inanimado e limitada consciência, bem como tendo em vista a sua objetividade e tendência para o erro, o envoltório *vijñānamaya* não pode ser considerado como sendo eterno.

COMENTÁRIO – Há duas espécies de consciência: a superior e a inferior, sendo que esta última é limitada pela alma individualizada (*jīva*).

209 – O envoltório *ānandamaya* é a reflexão da bem-aventurança absoluta, mas não é, entretanto, livre da ignorância. Seus atributos

são o prazer e coisas assemelhadas, através do qual as inclinações mais altas (por exemplo *svarga*[48]) são realizadas. Este envoltório, cuja existência depende da ação virtuosa, torna-se, sem esforço, manifestado como *ānandamaya* (isto é, como a consequência necessária de uma vida meritória), num homem virtuoso, que goza os frutos de seu próprio mérito.

COMENTÁRIO – Uma vida virtuosa é aquela na qual o indivíduo, com seu coração pacificado, auxilia todos os que sofrem nas malhas do vir-a-ser. *Ānandamayakosha* (o corpo da bem-aventurança) é gradualmente formado em torno dos que vivem tal vida. É como um perfume que evola de uma flor, atingindo todos a sua volta. Uma presença viva que pode ser sentida quando nos aproximamos de (ou sintonizamos com) alguém que atingiu ou está próximo da iluminação.

210 – A principal manifestação do veículo chamado *ānandamaya* ocorre no sono profundo. Nos estados de vigília e de sonho torna-se parcialmente manifestado à vista de objetos agradáveis.

COMENTÁRIO – O prazer que nasce quando contemplamos uma bonita paisagem, a face iluminada por um sorriso de uma criança, uma obra de arte ou a visão de alguém que amamos, é originado no corpo da bem-aventurança. Esse prazer (sensação de felicidade, paz, alegria) é intensificado à medida que desenvolvemos o nosso *ānandamayakosha* (corpo da bem-aventurança) e atinge o máximo de intensidade quando abandonamos os objetos dos sentidos, os sonhos e mergulhamos no sono sem sonhos.

211 – Este *ānandamaya* não é o supremo Espírito, pois está ainda sujeito a condições. É uma modificação de *prakrti* [natureza manifestada], um efeito, e a soma resultante de todas as consequências

[48] Paraíso, mundo celeste, mansão dos bem-aventurados. É feita referência ao *Taittirīya Upanishad* onde, na parte II, capítulo 5, são relatados atributos de *ānandamayakosha* que resultam em prazer e bem-aventurança. (N.E.)

dos bons atos [e está inserido junto aos outros envoltórios que são, todos, também modificações].[49]

COMENTÁRIO – Os pensamentos, as palavras, e as ações que realizamos, quando são belos e puros, produzem efeitos que irão fortalecer o corpo da bem-aventurança (*ānandamayakosha*). Daí nascerá uma crescente psicoatmosfera que nos rodeia, protegendo-nos de ações maléficas, e que estimula o processo da eclosão de *Brahman* (Absoluto, Deus) em nossas vidas.

212 – De acordo com os *Vedas*, *Ātman* é o que permanece após a subtração (desaparecimento) dos cinco envoltórios. *Ātman* é a Testemunha, é conhecimento absoluto.

COMENTÁRIO – Os cinco veículos citados no versículo são o corpo físico denso (*ānnamayakosha*), o veículo do *prāna* (força vital) chamado de *prānamayakosha*, o corpo mental (*manomayakosha*), o corpo (veículo) de *buddhi* ou inteligência (*vijñānamayakosha*), e o corpo da bem-aventurança (*ānandamayakosha*). Esses corpos são como cobertas, envoltórios ao redor de *Ātman*. Eles possuem densidade que vão da mais sutil, no caso do *ānandamayakosha*, até a mais densa no *ānnamayakosha* (corpo físico denso). *Ātman* é a "substância" mais sutil que atua através desses envoltórios.

213 – Este *Ātman* é autoiluminado e diferente dos cinco envoltórios. É a Testemunha dos três estágios (vigília, sonho e sono sem sonhos). É sem máculas, imutável, eterna bem-aventurança, e assim tem de ser realizado pelo *Brāhmana* instruído.

COMENTÁRIO – Segundo as antigas tradições da Índia, os seres humanos classificam-se em quatro castas a saber: *sūdras* (operários não qualificados, agricultores), *vashias* (comerciantes, artífices), *kshatryas* (guerreiros) e *Brahmanes* (professores, sacerdotes). Entre os *Brahmanes* há uma

[49]Vide *Taittirīya Upanishad*, parte II. (N.E.)

gradação em função do conhecimento que possuem. Essas quatro castas seriam, no início, conceituações ligadas à "densidade espiritual" de cada um e não significavam em absoluto o que viria a se tornar mais tarde, uma divisão estanque ligada ao nascimento das pessoas. É um *Brahmane* instruído aquele no qual *Ātman* é manifestado no cotidiano da pessoa com toda intensidade.

214 – O discípulo pergunta:

"Quando os cinco envoltórios são subtraídos em virtude da sua irrealidade, eu não vejo, Oh Mestre, nada que permaneça a não ser a universal negação. O que então permanece para ser percebido por um instruído *Brāhmana* como sendo o ego ou o não ego?"[50]

COMENTÁRIO – Na pergunta ao final deste versículo está a dúvida de um ser que ainda não penetrou na essência da Realidade, de alguém que ainda está preso nas malhas do dualismo.

215 – O Mestre responde:

Oh sábio homem, falastes bem, és hábil em discernir; *Ātman* é aquilo que é vazio de todas as coisas mutáveis, tais como o egoísmo etc.

COMENTÁRIO – *Ātman*, o Ser, ou alma Suprema está livre de todas as ligações. Sendo imutável é atemporal, eterno, estando, portanto, acima da escravização do tempo.

216 – Aquilo pelo qual tudo[51] é conhecido, aquilo que não é conhecido por coisa alguma – através do sutil intelecto, compreendei que o conhecedor é *Ātman*.

[50] Em outras traduções, final do aforismo n.º 212 correspondendo a este: "Que entidade então realmente há com a qual o sábio conhecedor pode realizar sua identidade com *Ātman*?"

[51] Todas as modificações, inclusive o ego e também sua "ausência" durante o estado de sono profundo (*taijasi*). (N.E.)

COMENTÁRIO – Śankaracharya, no versículo 17 de sua obra *Ātmābodha,* afirma: "Compreendei que *Ātman* é distinto do corpo, órgãos dos sentidos, mente, *buddhi* e de *prakriti* não diferenciado; *Ātman* é a Testemunha das suas funções, sendo comparável a um Rei".

217 – Quem quer que conheça alguma coisa é a testemunha dela. Com relação a um objeto não percebido por quem quer que seja, a característica de ser a Testemunha deve ser corretamente atribuída a ninguém.

COMENTÁRIO – Quando não há um espelho, não há ninguém refletido nele. Da mesma forma, não havendo uma testemunha (observador) não há um objeto observado, entretanto, todas as coisas lá estão presentes no atemporal.

218 – *Ātman* é em si mesmo a essência testemunhadora, pois é por si mesma percebida. Portanto este *Ātman* é em si mesmo a Testemunha [é o supremo *Brahman*] e não um outro.

COMENTÁRIO – Todos os seres visíveis ou invisíveis são concentrações de energia em vários graus de sutileza. *Ātman* é o observador (Testemunha) da realidade à sua volta.

219 – A manifestação deste *Ātman* é idêntica nos estados de vigília, sonho e sono profundo sem sonhos. É aquela manifestação interna de autoconsciência em todos os egos. E é a Testemunha de todas as formas e mudanças, tais como o egoísmo, intelecto etc., e que se manifesta a si mesma como existência, consciência e bem-aventurança absolutas. Compreenda isso como sendo *Ātman* em teu próprio coração.

COMENTÁRIO – Abstrai-te de todas as formas, sensações e pensamentos; sobrevoa além da mente e perceberás a luz radiante que provém de *Ātman*.

220 – O tolo, tendo em vista a imagem do Sol refletida na água de um jarro, pensa que ela é o Sol. Da mesma forma o homem ignorante ao ver a reflexão do *Logos* em qualquer um dos *upādhis* (veículos), considera esse reflexo como sendo o Ser real.[52]

COMENTÁRIO – Vivemos envolvidos por ilusões que nos chegam pelas portas dos sentidos e são trabalhadas pela mente. É preciso estarmos atentos para não tomarmos esses reflexos como sendo o verdadeiro Ser.

221 – Assim como um homem sábio olha diretamente para o Sol e não para a sua imagem refletida na água contida no jarro, também ele reconhece o autoiluminado *Ātman* através do qual os três (*upādhis*) são manifestados [mas que é independente de todos eles].

COMENTÁRIO – Olha diretamente na origem de toda a energia, distinguindo claramente o ilusório do Real. Põe de lado todas as ilusões que te impedem de perceber a fonte de onde brotas. Exercita a todos os momentos a faculdade que possuis de focalizar a sua essência sutil e então perceberás a bem-aventurança, a paz e a intensa alegria que antes não sentias. Esse é o segredo do milagre da transfiguração do cotidiano.

222/223 – Assim é quando o indivíduo, abandonando o corpo, o intelecto e a reflexão da consciência, torna-se sem pecados, desapaixonado e imortal ao conhecer o autoiluminado *Ātman* que é o Observador (o que vê), que é em si mesmo o conhecimento eterno, diferente da realidade e da irrealidade, eterno, a tudo envolvendo, supremamente sutil, desprovido de interno e externo, o único, no centro da sabedoria.

COMENTÁRIO – Há uma sabedoria eterna, transcendente, que os hindus chamam de *Sanātana Dharma*. Ela procede de um centro cósmico que

[52] Final do aforismo n° 218 em outras traduções: "O homem ignorante, devido à sua ilusão, identifica-se com o reflexo de *Chit*, projetado por *buddhi*, que não é mais do que um envoltório". (N.E.)

existe em cada ser. Esse ponto mágico é *Ātman* que é, em sua natureza última, idêntico a *Brahman* (o Absoluto). Aqueles que sentem diretamente a sua presença são desligados do corpo, possuem o intelecto purificado e estão livres de máculas (*karma*). Vivem na plenitude do eterno apesar de muitas vezes estarem ainda presos a corpos densos. O seu *ashram* (local para praticar a vida espiritual) é o seu escritório, o local de trabalho, o lar, a escola etc.

224 – O homem sábio, que se torna *Brahman* por conhecê-Lo está livre da aflição e repleto de bem-aventurança. Ele nada teme de parte alguma. Sem o conhecimento do verdadeiro Ser não há outra senda aberta aos que desejam a libertação e continuam a remoer a escravização procedente da vida condicionada.

COMENTÁRIO – O homem sábio é aquele que percebeu que há uma senda para a sua união (com o Supremo), e que estamos mergulhados no mundo material devido à ignorância (*avidyā*) em que vivemos.

225 – A realização da unidade com *Brahman* é a causa da liberação dos grilhões da existência condicionada [*samsāra*], através da qual o único *Brahman*, que é bem-aventurança, é alcançado pelo sábio.

COMENTÁRIO – Sábio é aquele que consegue a libertação da existência condicionada. Ele está livre, pois vivenciou a unidade fundamental que possui com *Brahman*. Depois dessa experiência já não há mais sombras, nem dúvidas, somente a presença inefável contínua daquilo que é a essência do nosso ser. Neste momento não há mais qualquer separação entre a gota e o Oceano.

226 – O homem sábio, tornando-se *Brahman*, não mais retorna à existência condicionada. Consequentemente deve ser totalmente realizada a unidade do Ser com *Brahman*.

COMENTÁRIO – A Realização total da unidade com *Brahman* equivale ao estabelecimento de um amplo canal onde não há mais qualquer obstáculo para que esse encontro seja realizado. Neste momento o ser é envolvido por uma indizível felicidade, idêntica à produzida por um radiante alvorecer depois de uma longa noite de sofrimentos.

227 – *Brahman* é verdade, conhecimento e eternidade, o supremo, puro, autoexistente, uniforme, bem-aventurança indivisível, sempre presente.[53]

COMENTÁRIO – Aquilo que não tem nome, pois todo nome é uma limitação ao que é infinito, é algo que está sempre presente em nossas vidas desde que despertemos as condições para que isso ocorra.

228 – Pela ausência de toda existência além da sua própria, este *Brahman* é verdade, é supremo, o único Um; quando a suprema verdade é plenamente realizada nada resta a não ser Isso.

COMENTÁRIO – Quando toda a diferenciação desaparece, quando os opostos se fundem e o sujeito mergulha no objeto, nada mais resta a não ser a presença d'Aquilo.

229 – Por causa da ignorância, este Universo parece ser multiforme, mas na realidade tudo isso é *Brahman* (que permanece) quando todos os defeituosos estados mentais tiverem sido rejeitados.

COMENTÁRIO – Só *Brahman* (Deus, Absoluto) é eterno, tudo o mais são ilusões passageiras que nos atormentam e escravizam com a noção de que somos separados de todos os outros. Só Ele permanece quando tudo o mais desaparece.

---

[53] Verdade, conhecimento e eternidade referem-se, respectivamente, a *Satyam*, *Jnanam* e *Anantam*. Outras traduções acrescentam a seguinte frase ao final deste aforismo, o de n° 225: "Em realidade, não é diferente do Ser individual e não tendo interior nem exterior, reina plenamente". (N.E.)

230 – O jarro que contém a água é produto do barro, todavia não é diferente dele, sua natureza essencial permanece sempre sendo barro. A forma do jarro de água não tem existência independente, mas é apenas um nome gerado pela ilusão.

COMENTÁRIO – Tudo que se distingue do outro tem um nome e uma forma. Entretanto, por trás desse nome e forma está Aquilo que o sustém. A ilusão gera a separação, o egoísmo, o sentimento de posse – que são causas do sofrimento.

231 – O jarro para a água não deve ser visto como independente e distinto do barro. Portanto, esse jarro é imaginado a partir de uma ilusão. Só o barro é essencialmente real.

COMENTÁRIO – Nascem do barro uma série de objetos com formas e nomes diferentes. Só ele é real, tudo mais é episódico. Essa mesma consciência deve ser aplicada com relação a *Brahman*, que é a base de tudo.

232 – Todos os produtos de *Brahman*, que é a Realidade, são em si mesmos reais; e nada há de diferente nisso.[54] Quem diz que há algo diferente não está livre da ilusão, mas é como um homem falando em seu sono.

COMENTÁRIO – Todas as coisas estão enraizadas em *Brahman* e desta forma são reais. Quem afirma que há alguma coisa diferente está profundamente iludido.

233 – Este Universo é *Brahman* – assim diz um excelente texto retirado do *Atharva Veda*.[55] Portanto, todo este Universo é *Brahman*; o que se diz separado de *Brahman* não tem existência.

[54]Em outras traduções: "O Universo inteiro, sendo um efeito de *Brahman*, não pode ser outro além d'Ele". (N.E.)

[55]Refere-se ao *Mundaka Upanishad* II, 2:11, texto que faz parte desta antiga Escritura – o último dos quatro *Vedas*. (N.E.)

COMENTÁRIO – Este versículo reforça o anterior. É uma variação do mesmo tema para o qual Śankara procura induzir o leitor a fim de que esse percebimento seja efetivo a todos os instantes e não apenas episódico.

234 – Se este Universo é uma realidade, então *Ātman* é finito, os *Vedas* não têm autoridade e *Īshvara* (o *Logos*) não tem existência. Essas três alternativas não podem ser aceitas pelas Grandes Almas.[56]

COMENTÁRIO – Os *Mahatmas* (grandes almas, mestres de sabedoria) – sabem por experiência própria que os *Vedas* (textos sagrados da Índia) são autênticos, pois foram recebidos pelos *Rishis* (homens santos). Da mesma forma sabem por experiência direta que *Ātman* é eterno e que *Īshvara* (Deus manifestado), o *Logos*, tem existência. Tudo isso é uma realidade para os que possuem a consciência plenamente revelada.

235 – O Senhor, o conhecedor de todos os objetos em suas realidades, declarou: "Eu não sou distinto deles, nem eles são distintos de mim".[57]

COMENTÁRIO – Não há distinção entre os objetos e a Realidade de onde eles se originam. Todas as coisas estão mergulhadas no oceano da bem-aventurança, são parte integrante do Todo onde se manifestam. Quando se desagregam como ondas, retornam à origem comum.

236 – Caso este Universo seja uma realidade, deveria ser percebido no estado de sono sem sonhos. Mas como nada é percebido (naquela condição), ele é tão irreal como os sonhos.

[56] Aforismo n.º 232 em outras traduções: "Se o Universo, tal como é, fosse real, supostamente não haveria cessação do elemento dualista (*Ātman* não seria infinito), as Escrituras seriam enganosas e o próprio Senhor poderia ser acusado de inverdades. Nenhuma destas três alternativas é considerada desejável ou benéfica por aqueles que possuem mente nobre". (N.E.)

[57] "Senhor", aqui, se refere a Sri Krishna, personagem do texto *Bhagavad-Gitā*, em um diálogo no Capítulo IX, versículos 4 e 5. Editora Teosófica, 2011 (N.E.)

COMENTÁRIO – Para Śankara o Universo que percebemos é tão irreal como os sonhos, pois é transitório. É percebido completamente deformado pelos sentidos e suas reações, e por cada um dos inumeráveis seres que o compõem. O Universo para um vegetal é completamente diferente do que é sentido pelos animais. O mesmo ocorre entre os diferentes seres humanos que, apesar de terem características percepcionais parecidas, formam concepções completamente diferentes do Universo onde estão inseridos.

237 – Portanto não há uma existência real do Universo distinto do supremo *Ātman*. Sua percepção distinta é tão irreal quanto ver uma serpente em uma corda. Que realidade pode haver naquilo que é meramente manifestado através da ignorância[58]?

COMENTÁRIO – É preciso perceber claramente que as distinções existentes nascem da ignorância (*avidyā*). É devido a ela que sofremos e estamos escravizados a objetos e situações. A libertação só é atingida quando a ignorância desaparece, como a névoa matinal, e *Ātman* brilha com toda a intensidade.

238 – O que é percebido por uma pessoa ignorante nada mais é do que *Brahman* – o mesmo ocorre quando consideramos ser a prata a mãe da pérola. Desta maneira *Brahman* está sempre sendo investido com formas, mas elas nada são, apenas meros nomes atribuídos a *Brahman*.

COMENTÁRIO – Estamos rodeados por uma multiplicidade de formas. Cada um de nós as identifica por diferentes nomes, segundo um idioma ou dialeto. Para além dessas identificações relativas há algo substancialmente idêntico: *Brahman*.

---

[58] Aforismo n° 235 em outras traduções: "Portanto, o Universo não existe separado do Ser supremo. A percepção da separatividade é tão falsa como as "qualidades". Um atributo sobreposto pode ter algum significado separado de seu substrato? Por causa da ilusão, o próprio substrato aparece como tal (com distintas formas)". (N.E.)

239 – Portanto o supremo *Brahman* é a Realidade única sem um segundo, a pura sabedoria, imaculada, paz absoluta sem começo ou fim, vazio de ação e a essência da incessante bem-aventurança.

COMENTÁRIO – Brahman é a paz inefável, sem limites, que envolve todas as coisas. Nele temos o nosso ser e recebemos a vida e inspiração que nos alimenta.

240 – Quando todas as diferenças criadas por *māyā* (a ilusão) tiverem sido rejeitadas, (lá permanece) um algo autoiluminado[59] que é eterno, fixo, sem mácula, incomensurável, sem forma, imanifestado, sem nome, indestrutível.

COMENTÁRIO – Quando cessarem as imagens produzidas pelas ilusões, as distinções de todos os tipos, nada mais existirá a não ser uma Presença imanifestada, imaculada, algo que se apossa do ser purificado liberto de todas as amarras.

241 – O sábio conhece "Aquilo" como sendo a verdade suprema que é a consciência absoluta, na qual estão unidos o conhecedor, o conhecido e o conhecimento, infinita e imutável.

COMENTÁRIO – Como é difícil alcançar o que está além da memória, das palavras, do condicionado! Num jogo de palavras Śankara reúne o conhecedor, o conhecido e o conhecimento e revela a consciência absoluta onde eles se reúnem.

242 – *Brahman* é a luz que a tudo permeia, infinita e eterna, que não pode ser capturada nem abandonada, inconcebível à mente, inexpressável pela fala, imensurável, sem começo nem fim.

---

[59]Outras versões referem aqui: "que está além do alcance do sofrimento". (N.E.)

COMENTÁRIO – No Budismo essa luz, chamada no Hinduísmo de *Brahman*, é *Amitayus*. Ela está constantemente banhando e interpenetrando todos os seres, dando o testemunho da sua presença.

243 – *Brahman* e *Ātman*, que são respectivamente designados pelos termos "Aquilo" e "Tu"[60] são plenamente provados como sendo idênticos quando investigados sob a luz do ensinamento dos *Vedas*.

COMENTÁRIO – *Brahman* é "Aquilo" que permeia todas as coisas e onde elas têm as suas mais profundas raízes. *Ātman* é o Ser, a Alma Suprema que segundo a Vedanta não dualística (*Advaita*) é una com a alma individual. *Ātman* é parte integrante do Ser.

244 – A identidade dos dois assim indicada e predicada não pode ser provada devido a atributos mutuamente exclusivos (isto é, quando *Ātman* está conectado a um *upadhi*); da mesma forma ocorre com um pirilampo em relação ao Sol, ou do rei com um escravo, ou o átomo com a montanha.

COMENTÁRIO – É difícil provar a identidade existente entre *Brahman* e *Ātman* em virtude, como diz o versículo, dos atributos mutuamente exclusivos. Mas essa identidade pode ser vivenciada pela experiência direta dos que conseguiram dominar os desejos, pacificar a mente e libertar-se das máculas (*karma*). Então todas as dúvidas desaparecem, quando se experimenta o mergulho na Presença.

245 – A distinção é criada pelas condições (*upādhis*). Na realidade não há base condicionante para *Ātman*. Ouça, *māyā* do *Logos* (*Īshvara*) é a primeira causa de *Mahat* (sexto princípio), e os cinco envoltórios são o efeito de *jīva* (a porção mais elevada do quinto princípio).[61]

[60] Nos *Shrutis* é: "*Tat-Twam-Asi*" – "Tu és Aquilo". (N.E.)

[61] M. Chatterji utiliza aqui a palavra "princípio" como é referida em algumas obras teosóficas.

COMENTÁRIO – O que causa a distinção do Real, verdadeiras refrações e reflexões, são os diversos envoltórios que obscurecem *Ātman* e deformam a sua clara percepção. Quando isso ocorre, a comunicação com ele é quase interrompida e nos sentimos mergulhados na angústia do isolamento.

246 – Quando esses dois *upādhis* – os de *Ātman* e *jīva* – são completamente rejeitados não há mais *Ātman* ou *jīva*. O rei tem o seu reino, o guerreiro, suas armas. Quando eles (os envoltórios) são removidos, não há mais rei ou guerreiro.[62]

COMENTÁRIO – Quando sucessivamente se desnuda *Ātman*, retirando os seus sucessivos mantos, ele brilha com toda a intensidade, então o rei (*Ātman*) tem o seu reino pacificado e sob o seu controle, e o guerreiro *jīva*, as suas armas para manter a ordem emanada do rei.

247 – Daí estar dito no *Shruti* (*Vedas*) que a dualidade criada (pela ilusão) em *Brahman* é eliminada através do conhecimento; então *Ātman* e *jīva* desaparecem.[63]

COMENTÁRIO – A dualidade é uma ilusão criada pela ignorância de que essencialmente somos uma unidade de ordem superior. Quando real-

---

Outras versões, nos aforismos de n° 243 a 249, nos apresentam traduções com significado diferente destes. Este refere: "A aparente contradição ou diferença entre eles (*Brahman* e *jīva*) é criada pelos atributos ilusórios (*upādhis*), e esta sobreposição não é real. O *upādhi* (condicionante) de *Īshvara* é *māyā* – que é a causa de *Mahat* (a inteligência cósmica) e de suas modificações. E ouça, no caso de *jīva*, a sobreposição condicionante consiste dos cinco envoltórios (*koshas*), que são, também, efeitos de *māyā*". (N.E.)

[62] Aforismo n.° 244 em outras traduções: "Estes dois (respectivamente *māyā* e os envoltórios) são as sobreposições de *Īshvara* e *jīva* e, quando são perfeitamente eliminados, não há nem *Īshvara* nem *jīva*. Um reino é o símbolo de um rei, e um escudo, o de um soldado; quando estes são retirados, não há nem rei nem soldado". Há grande diferença de conteúdo entre as versões da língua inglesa. (N.E.)

[63] Aforismo n° 245 em outras traduções: "As Escrituras, nas palavras 'Agora este é o mandamento' etc., (*Brihadāranyaka Upanishad*, II-3-6) repudiam toda dualidade imaginada em *Brahman*. Deve-se eliminar estes dois *upādhis* (sobreposições que criam em nossa mente os conceitos de *jīva* e *Īshvara*) por meio da Realização direta (da Verdade suprema) sustentada pela autoridade dos *Vedas*". (N.E.)

mente conhecemos, penetramos profundamente na estrutura do ser produzido; então ocorre, instantaneamente, o desaparecimento da dualidade; tudo brilha envolvido pela luz eterna e infinita de *Brahman* (Absoluto).

248 – Através da inferência lógica, depois de rejeitada como sendo irreal toda concepção do que é visível, criada pela mente, assim como a noção imaginada de vermos uma serpente quando contemplamos um pedaço de corda – realiza-se a identidade existente entre *Brahman* e *Ātman*.[64]

COMENTÁRIO: A Realização plena (a experiência direta) da identidade fundamental entre *Ātman* e *Brahman* é obtida quando percebemos a irrealidade do visível. Essa irrealidade decorre das limitações sensoriais que projetam na nossa mente a imagem da coisa observada. Essa mesma coisa, observada por outro observador, terá uma imagem completamente diferente. Sendo infinito o número de observadores, é infinito o número de imagens do mesmo objeto. O fato fundamental é que "a coisa em si" é completamente diferente do que nos parece, sendo, portanto, ilusória.

249 – Determinados, portanto, esses atributos, a sua identidade é estabelecida assim como uma figura de retórica que perde o seu sentido original e adquire um sentido adicional. Mas a fim de constatar essa identidade não se deve perder de vista nem a significação literal nem a figurativa. Ambas têm que ser unidas para realizarmos a identidade existente entre o *Logos* e o *Parabrahman* (a harmonia tem de ser procurada na analogia dos contrários)[65].

[64] Aforismo n.º 246 em outras versões: "Nem o Universo grosseiro nem o Universo sutil é *Ātman*; eles não são reais, sendo produtos da imaginação – assim como os sonhos ou o ver uma serpente em uma corda. Através do uso da razão, alguém pode compreender, pela perfeita eliminação do mundo objetivo, a indivisibilidade subjacente entre *Īshvara* e *jīva*." (N.E.)

[65] Este aforismo, em outras traduções, refere que, para estabelecer a identidade absoluta entre *Īshvara* e *jīva*, é necessário considerar o significado implícito dos termos, combinando racionalmente tanto os métodos de eliminação exaustiva quanto os de completa retenção, baseados no sistema da lógica hindu. (N.E.)

COMENTÁRIO – Quando lemos um texto de onde procuramos induzir algo que está além das palavras, a leitura não pode ser feita com a superficialidade característica de nossas vidas. Deve ser lenta, apreciando-se cada palavra e tratando-as como diamantes que terão de ser lapidados para revelarem a sua beleza. Não devemos também buscar o sentido figurado do mesmo. Os dois sentidos têm de estar unidos para que percebamos a identidade existente entre o Universo manifestado (*Logos*) e o imanifestado (*Parabrahman*). Quando isso ocorre, um canal é estabelecido, permitindo fluir a luz da compreensão.

250 – "Eu sou aquele *Devadatta*" – aqui a identidade é indicada pela rejeição dos atributos contrários dos termos. Similarmente em "Aquilo tu és", rejeitando os atributos contrários em ambos os termos, a identidade é estabelecida.

COMENTÁRIO – *Devadatta* era um primo de Sidharta Gautama, o Buda, o grande instrutor religioso que viveu no século VI a.C. Ele era mau, invejoso, egoísta e sonhava em assumir a posição do Ser Supremamente Iluminado. Todos nós possuímos esse lado sombrio que deverá ser trabalhado no processo da iluminação O mesmo ocorre quando afirmamos *Tat Twam Asi* (Eu sou Aquilo). Aqui temos os dois conceitos: *Eu* e *Aquilo*, os dois polos que têm de ser reunidos no Único.

251- O sábio conhece a perfeita identidade de *Ātman* com *Parabrahman* (ao alcançar o ponto de vista do *Logos*). Está declarada em centenas de grandes aforismos a identidade de *Brahman* e *Ātman*.[66]

COMENTÁRIO – Só é alcançada a perfeita identidade de *Ātman* com *Parabrahman* quando conseguimos nos colocar no ponto de vista do *Logos* (do Universo manifestado). Essa identidade não poderá ser alcançada enquanto estivermos mergulhados no dualismo e presos na rede do pensamento.

[66]Outras versões apresentam que a essência de ambos – *Īsvhara* e *jīva* – é *Chit* (consciência ou conhecimento absoluto). (N.E.)

252 – Renuncia à falsa concepção que formastes e compreende através do teu intelecto purificado que tu (*Ātman*) és "Aquilo", o sutil e autoexistente *Brahman*, que é o perfeito conhecimento.[67]

COMENTÁRIO – A purificação do intelecto é fundamental para que possamos perceber o que está além dele. É enorme a quantidade de impurezas adquiridas nesta vida, ou em passadas, que nos impedem de ter a visão clara do Real. Todos os pequeninos problemas, inquietações, preconceitos formam uma massa densa, quase impenetrável, de entulho que terá de ser removido.

253 – Tal como o jarro feito de barro deve ser considerado como sendo barro, assim tudo que procede de *Ātman* é sempre *Ātman*, toda coisa é *Ātman*[68] e nada existe à parte dele; portanto, *Tu* és "Aquilo" – paz absoluta, sem mancha, grande – *Brahman* sem um segundo.

COMENTÁRIO – Na natureza última de todas as coisas está *Brahman* (Aquilo). Essa é a Verdade final que nos levará à libertação quando a vivenciarmos. Aguça a tua percepção e penetra fundo nos diversos estratos de rochas e encontrarás o magma candente que é Aquilo.

254 – Assim como nos sonhos, o lugar, tempo, objetos e ideias são todos irreais, assim também ocorre neste mundo [que experienciamos no estado de vigília], criado pela ignorância. O mesmo ocorre com o corpo, sentidos, os ares vitais, egoísmo etc. Portanto, compreende que tu és "Aquilo" – paz absoluta, sem mácula, imensa, *Brahman* sem um segundo.

---

[67] Pela eliminação do não ser, à luz de passagens das Escrituras, desfazem-se os corpos fantasmagóricos que são percebidos e se aceita (ou realiza) o próprio Ser, mediante o puro conhecimento absoluto – tu és *Brahman*. Vide *Brihadāranyaka Upanishad* III, 8:8. (N.E.)

[68] Outros tradutores utilizam o termo *Brahman* no lugar de *Ātman* neste aforismo (nº 251) e completam: "Sendo 'Aquilo' a única Realidade autoexistente, Tu és Aquilo" (*Brahman* é nosso próprio Ser – *Ātman*). (N.E.)

COMENTÁRIO – Para a Vedanta *Advaita* (não dualista) tudo é irreal, pois é o produto da ilusão e ignorância. Só é Real aquilo que é a paz infinita, a bem-aventurança onde estamos mergulhados desde todo o sempre, mas perdemos a consciência disso.[69]

255 – Constata o fato de que tu és "Aquilo" – *Brahman*, e que estás muito além de casta, visão mundana, família e clã, desprovido de nome, forma, qualidades e defeitos, além do tempo, espaço e dos objetos da consciência.

COMENTÁRIO – Os versículos 255 a 264 começam, todos eles, com a expressão "realiza", ou melhor "constata", ou "compreende claramente". Eles contêm algo de fundamental importância para a grande transformação do nosso Ser. São afirmações nascidas da experiência direta de Śankara, dos *Mahatmas* (Mestres de Sabedoria) e de inúmeros seres realizados na consciência cósmica. Medita profundamente em cada um deles procurando vivenciar o que indicam.

256 – Constata o fato de que tu és "Aquilo" – *Brahman*, que é supremo, além do alcance de todas as palavras, mas que pode ser conhecido através do olho da pura sabedoria. É a consciência absoluta, pura, a substância eterna.

COMENTÁRIO – O olho da pura sabedoria é a porta que nos conduz Àquilo. Esse olho está fechado dentro de nós, coberto por sucessivas camadas que terão de ser removidas.

257 – Constata o fato de que tu és "Aquilo" – *Brahman*, intocado pelas seis enfermidades humanas, mas que pode ser realizado no

[69]Entre os aforismos de n.º 254 e 255, o tradutor M. Chaterji excluiu um verso, o de n.º 253 em outras traduções: "Aquilo que erroneamente se supõe existir em alguma coisa, é, quando a verdade sobre isso torna-se conhecida, reconhecido como o *substratum* e em nada diferente dele. O mundo diversificado do sonho aparece e desaparece no próprio sonho. Para alguém, ao despertar do sonho, algo aparece como distinto da própria mente (do seu próprio Ser)?". (N.E.)

coração dos *yogis* (em *samādhi*), que não pode ser percebido pelos sentidos, que é imperceptível pelo intelecto [*buddhi*] ou pela mente [e que é impecável].

COMENTÁRIO – As seis enfermidades são: fome, sede, ambição, ilusão, decadência e morte, a que todos estamos sujeitos. No coração dos *yogis*, isto é, no cerne do ser dos que buscam esse encontro com Aquilo, tal fato pode ser constatado, pois se torna uma realidade pura tão perceptível como este livro aos teus sentidos.

258 – Constata o fato de que tu és "Aquilo" – *Brahman*, em quem repousa o mundo criado através da ignorância. "Aquilo" (*Brahman*) é autossustentado, é diferente da verdade (relativa) e da não-verdade, indivisível, além da representação mental.[70]

COMENTÁRIO – Além, muito além de todas as representações está Aquilo onde tenho o Ser, e que me possui por inteiro. Eu e Ele somos unos desde todo o sempre. Estou cego, insensível a esse fato, pois perdi-me no mundo da ilusão onde sofro os efeitos de tal separatividade.

259 – Constata o fato de que é tu és "Aquilo" – *Brahman*, que é desprovido de nascimento, crescimento, mudança, perda de substância, doença e morte, indestrutível, a causa da evolução do Universo, sua preservação e destruição.

COMENTÁRIO – Procedem de *Brahman* os três grandes aspectos da manifestação: *Brahmā* (a criação), *Vishnu* (a preservação) e *Shiva* (a destruição, renovação). Além desses aspectos que se encontram manifestados em nós e em todas as coisas que nos rodeiam e que podemos perceber está

[70] Aforismo n° 257 em outras traduções: "Aquilo que é o substrato de todo o Universo com suas várias subdivisões, que são todas criadas pela ilusão, que dá suporte a si mesmo (que não é mantido por nada), que é distinto do grosseiro e do sutil, que não tem partes e é incomparável (não descritível mediante exemplos ou comparações) – este *Brahman* és Tu, medita nisto em tua mente". (N.E.)

"Aquilo" (*Brahman*), a raiz de tudo, a fonte perene, cuja "água" poderá ser bebida pelo *yogi* que atingiu a libertação.

260 – Constata o fato de que tu és "Aquilo" – *Brahman*, que é a cessação de toda diferenciação, que nunca muda a sua natureza e que é imóvel como um oceano sem ondas, eternamente incondicionado e indivisível.

COMENTÁRIO – Medita na imagem de um oceano tranquilo, sem ondas, envolvido no mais puro silêncio dos sentidos. Só Aquilo existe, pois tudo o mais desapareceu em seu seio.

261 – Constata o fato de que tu és "Aquilo" – *Brahman*, que é a única Realidade, a causa da multiplicidade, a causa que elimina todas as outras causas, diferente da lei de causa e efeito.[71]

COMENTÁRIO – A lei de causa e efeito (*karma*) cessa a sua ação quando mergulhamos n'Aquilo onde não mais existe o tempo e o espaço que são criados pelas nossas limitações perceptivas.

262 – Constata o fato de que tu és "Aquilo" – *Brahman*, que é livre da dualidade, imenso, infinito, o supremo, diferente de todos os elementos destrutíveis [do Universo e de *māyā*], o indestrutível *Logos*, eterno, bem-aventurança imutável, e livre de máculas.

COMENTÁRIO – Tenha plenamente revelada a consciência de que só Aquilo existe! Sente a Sua presença em tua vida! Nos teus pensamentos, palavras e ações. Torna-te um instrumento Dele, pois só assim poderás viver na plenitude do Eterno.

[71] Aforismo em outras traduções, n° 260: "Aquilo que ainda que seja o único Um, é a causa dos muitos, que refuta (anula) todas as outras causas, mas é ele mesmo sem causa, que é independente e distinto de *māyā* e seu efeito (o Universo) – este *Brahman* és Tu, medita nisto em tua mente". (N.E.)

263 – Constata o fato de que tu és "Aquilo" – *Brahman*, aquela Realidade que se manifesta na multiplicidade através das ilusões do nome, forma, qualidades, mudança, mas que é imutável como o ouro que assume várias formas em diferentes ornamentos.

COMENTÁRIO – Só esse "mergulho" na nossa essência mais profunda poderá revelar a divina Realidade onde temos o Ser. A partir dessa experiência libertadora não haverá mais qualquer dúvida diante da presença desse fato puro.

264 – Constata o fato de que tu és "Aquilo" – *Brahman*, que sozinho trilha, que está além do *Logos*, a tudo permeia, uniforme, verdade, consciência, bem-aventurança, não tendo fim, indestrutível.[72]

COMENTÁRIO – Neste versículo final da série mencionada no Comentário 225 é dado o acorde final, o arremate das considerações sobre a identidade (existente entre a criatura e *Brahman*). Quando se extingue a roda dos nascimentos e mortes, só permanece a vida suporte, não modulada, de *Brahman* em sua pureza fundamental. No silêncio da extinção dos sentidos, do intelecto, do *karma* para sempre neutralizado, nasce a Voz que é uma exaltação à suprema bem-aventurança. A partir daí tudo o mais é uno.

265 – Pelas conhecidas inferências lógicas e pela intuição constata o fato de que és *Ātman*, da mesma forma como o significado de uma palavra é compreendido; a certeza dessa verdade será estabelecida sem dúvida,[73] assim como a água que está na concavidade da palma das mãos.

---

[72]Em outras traduções, aforismo n° 263: "Aquilo além do qual nada existe; que brilha acima de *māyā*, que é superior ao seu efeito, o Universo; que é o mais íntimo Ser de tudo, livre da diferenciação; o Ser Real, o absoluto *Sat-Chit-Ananda* (existência, consciência, bem-aventurança), infinito e imutável – este *Brahman* és Tu, medita nisto em tua mente". (N.E.)

[73]O início deste aforismo, em outras traduções n.° 264: "Deve-se meditar profundamente com o intelecto no próprio coração sobre a verdade mencionada acima, através dos argumentos recomendados pelas Escrituras (*Vedas*). Por esse meio se poderá realizar a Verdade sem nenhuma dúvida..." (N.E.)

COMENTÁRIO – No Zen Budismo, há muitos casos em que a experiência direta da iluminação (*satori*) só é obtida pelo contato físico com a realidade. É essa a significação da experiência direta do frescor da água contida na palma da mão. Conhecer *Brahman* diretamente, experienciá-lo na carne é possível quando oferecemos condições favoráveis para isso. Devemos estar plenamente atentos, pois tal evento, como uma explosão, poderá ocorrer a qualquer instante. Quem sabe agora?

266 – Tendo realizado a si mesmo como conhecimento absoluto [livre da ignorância e de seus efeitos], a verdade supremamente pura, e sendo por ele sustentado, permanecendo sempre constante em *Ātman* como um rei em uma batalha depende do seu exército, mergulha em *Brahman* este Universo objetivo.

COMENTÁRIO – *Brahman* está presente em todas as coisas, portanto este Universo objetivo em que vivemos é um aspecto do Supremo. O ser atento percebe isso e encontra inúmeras portas abertas para penetração em *Brahman*. Esse mergulho produz a experiência de sua inefável presença em nossas vidas. Ele está sempre presente em tudo, a nossa espera, pronto a nos receber e pacificar.

267 – *Brahman*, a Verdade, o Supremo, o único Um e diferente da verdade (relativa) e da não verdade, está no centro da sabedoria; quem mora naquele centro não mais renasce.[74]

COMENTÁRIO – A verdade percebida pelos seres humanos envoltos em *samsāra* (vir-a-ser) é sempre relativa, pois é limitada pela gama de vibrações captadas pelos sentidos. O centro da sabedoria é, segundo a tradição indiana, localizado na cavidade existente entre as sobrancelhas, onde está o centro de força (*chakra*) chamado de *ājñā*.

[74]Em outras traduções, aforismo n.º 266: "Na caverna de *buddhi* existe *Brahman*, distinto do grosseiro e do sutil, a Existência absoluta, o Supremo, o Um sem segundo (não dual). Aquele que vive nesta caverna como *Brahman* não mais entrará no ventre de uma mãe". (N.E.)

268 – Mesmo que a substância (ou verdade) seja captada intelectualmente, o desejo que não tem começo (expresso nas palavras) "Eu sou o ator e também o que desfruta" é forte e firme, e é a causa da existência condicionada. Aquele desejo pode ser transcendido com um grande esforço, constatando que *Ātman* é *Brahman*. Os sábios da Terra chamam o libertar-se daquele desejo (literalmente, tornar-se menos expresso, o desejo sendo comparado a uma corda) de emancipação.[75]

COMENTÁRIO – A libertação decorre de um constante trabalho para reduzir o "diâmetro das cordas" que nos escravizam nesta existência. Esse esforço é intensificado pela plena atenção, em todos os momentos, àquilo que estamos fazendo. Não importa o local em que estejamos, nem a situação em que nos envolvemos, pois todo momento é oportuno para praticarmos a libertação.

269 – A concepção errônea que atribui uma coisa a outra, tal como a de que *Ātman* seja o ego, o corpo, os sentidos etc., tem que ser rejeitada pelo sábio através da devoção [identificação] a *Ātman*.

COMENTÁRIO – A devoção a *Ātman* estabelece um canal através do qual flui a sua pacificadora influência nos planos inferiores da manifestação. À medida que isso ocorre, há uma substancial mudança em nossas vidas. Tornamo-nos mais sensíveis, compassivos diante do sofrimento, prontos a sacrificar-nos pelo bem coletivo. E sentimo-nos possuídos por uma paz indizível que se irradia à nossa volta.

270 – Conhecendo *Ātman* como sendo a Testemunha da mente [*buddhi*] e das suas operações, e tendo realizado através de uma pura conduta que *Ātman* é o Ser, abandona a percepção do não espírito como sendo o Espírito.

---

[75] Esta libertação, chamada *Mukti* pelos sábios, é a erradicação das impressões (*vāsanās*) deixadas pelos desejos pessoais aqui e agora. (N.E.)

COMENTÁRIO – Em certo estágio do nosso desenvolvimento espiritual, temos a plena consciência de que o nosso Ser espiritual mais elevado (*Ātman*) é um observador da mente e das suas incessantes operações. Mas, para que isso seja possível, é necessário que levemos uma vida pura, incontaminada pelos desejos e emoções.

271 – Tendo abandonado o caminho do mundo, o corpo, ou as Escrituras, remove a errônea concepção de que *Ātman* é não *Ātman*.

COMENTÁRIO – Para atingi-lo, temos que pôr de lado a mente dualista que afirma ou nega. Podemos dizer de uma forma sutil, alegórica, num jogo de palavras, que *Ātman* não é um "é" ou "não é", mas sim um "sendo" que ultrapassa a limitação da afirmativa ou da negativa. Um outro exemplo: temos dois polos, um positivo e outro negativo carregados de eletricidade. *Ātman* não é nem um nem outro, mas a centelha que salta entre ambos.

272 – Devido ao desejo (*vāsanā*) que a pessoa possui pelas coisas do mundo, pelas Escrituras e pelo corpo, o verdadeiro conhecimento [a Realização] não pode ser produzido.[76]

COMENTÁRIO – Onde existe o desejo, quer seja por coisas materiais ou espirituais, está presente a tensão. Enquanto ela existir, não pode haver condições para dar lugar ao Verdadeiro Conhecimento que exige uma total distensão, a fim de refletir fielmente a coisa observada.

273 – Esta cruel trindade do desejo é chamada por aqueles que sabem "a cadeia de ferro" que prende os pés daquele que aspira pela liberação da prisão da existência condicionada [*samsāra*]. Aquele que se desembaraça disso, alcança a liberação.

---

[76]Os aforismos n° 271 a 273 (n° 270 à 272 em outras traduções) referem-se ao apego às observâncias das formalidades sociais, à dedicação nos cuidados com o corpo pela busca de sua comodidade e ao desnecessário entretenimento apaixonado com as Escrituras. Os sábios denominam a tais desejos (atitudes) de grilhões de ferro. (N.E.)

274 – Tal como pela mistura com a água e pela fricção, a madeira do sândalo exala um excelente aroma, removendo assim todo o mau odor, da mesma forma a inspiração divina torna-se manifesta quando o desejo é purificado.[77]

COMENTÁRIO – Para que o suave perfume da inspiração divina se manifeste plenamente e se transforme naquele "odor de santidade" que emana das criaturas realizadas, o "aroma" forte dos desejos materiais tem de ser eliminado. Purificados os divinos corpos que constituem o ser humano, *Ātman* poderá brilhar em todo o esplendor.

275 – A aspiração em direção ao supremo *Ātman* é coberta pela poeira dos desejos fatais interiormente emboscados, mas torna-se pura e emite um agradável [perceptível] perfume pelo contato com a sabedoria, da mesma maneira que a madeira de sândalo (emite o seu odor).

COMENTÁRIO – É necessária uma constante plena atenção para "eliminar" as impurezas que ao longo de sucessivas vidas formaram crostas na superfície do "nosso espelho". Essa atividade deve ser ininterrupta para manter limpa a superfície do espelho, evitando as deformações do que é Real.

276 – A aspiração em direção a *Ātman* é amortecida pela rede de desejos não espirituais que pode ser destruída por uma constante devoção a *Ātman*, permitindo que se manifeste por si mesmo.

COMENTÁRIO – Devoção constante nascida de um anseio profundo para encontrar Aquilo que a intuição percebe em alguns momentos em que essa lucidez é permitida pela tranquilização de uma atmosfera mental.

[77] Outras traduções, no aforismo n.º 273, mencionam que, enquanto molhada, a madeira do sândalo exala um odor horrível, ocultando a delicada fragrância que se manifesta quando o *agaru* (sândalo) é esfregado. Assim, enquanto submersos nos desejos, não emitimos o perfume liberado quando o nosso ser entra em contato com a sabedoria. (N.E.)

Quando essa lucidez é ampliada, a inspiração divina plenamente se manifesta. E o Sol brilha em nossas vidas.

277 – À proporção que nossa mente se torna firme pela devoção a *Ātman*, ela renuncia a todos os desejos por coisas externas. Quando todos os desejos são completamente exauridos, não há mais obstruções para a realização de *Ātman*.

COMENTÁRIO – À medida que a devoção se acentua pelo gradual percebimento da Realidade transcendente à mente, antes instável, torna-se firme como a chama de uma vela, livre da perturbação dos ventos. E as coisas são claramente iluminadas pelo refulgir de *Ātman*.

278 – Pelo constante repouso em *Ātman*, a (individualizada) mente do *yogi* desaparece, e os desejos são exauridos. Remove, portanto, a errônea concepção [ilusão] de que o não espírito é o Espírito.

COMENTÁRIO – À medida que nos entregamos completamente, *Ātman* vai gradualmente esvanecendo, como a fumaça tocada pelo vento, a noção de que somos uma individualidade separada e começamos claramente a perceber o Espírito.

279 – A qualidade de *tamas* (inércia) é eliminada pelas duas outras qualidades – *rajas* (movimento) e *sattva* (harmonia) – *rajas* por *sattva*, e *sattva* por *sattva* purificado.[78] Portanto, com o auxílio de *sattva*, remove a concepção errônea de que o não espírito é o Espírito.

COMENTÁRIO – A inércia, imobilidade, cristalização, reacionarismo (*tamas*) é removida pelo movimento, conflito, destruição (*rajas*) que, por

[78]Em outras traduções, aforismo n.º 278, é descrito que *sattva* se dissolve pela purificação ou pelo puro *Brahman*, sendo esta a forma de remover ou destruir a ilusão. (N.E.)

sua vez, é neutralizado pela harmonia, paz, serenidade (*sattva*). E, assim, o brilho intenso do Espírito é manifestado plenamente.

280 – Tendo a certeza de que o corpo é o resultado do *karma* do passado, torna-te firme e calmo e com grandes esforços remove a concepção errônea de que o não espírito é o Espírito.

COMENTÁRIO – Em vários versículos Śankara enfatiza a concepção errônea de que o não espírito é o Espírito. É um erro que constantemente cometemos devido às extraordinárias deformações causadas pelos sentidos e desejos. Quando elas forem eliminadas, as coisas serão vistas tal qual elas são em toda nitidez.

281 – Ao constatarmos que "eu não sou *jīva* e sim *Parabrahman*" é removida a errônea concepção de que o não espírito é o Espírito, a qual foi produzida pela força do desejo.

COMENTÁRIO – Afirmem: eu não sou um ser separado, isolado, fechado, com um nome, posição social, idade, mas alguém unido com todas as coisas, participando ativamente do coletivo, tendo as minhas raízes no Absoluto que me possui inteiramente. É esse o Espírito que me envolve desde todo o sempre.

282 – Tendo entendido, através das Escrituras, do raciocínio lógico e da experiência, a natureza totalmente impregnadora de teu *Ātman*, remove a errônea concepção que o não espírito é o Espírito, que pode surgir através do reflexo daquele Algo em alguma parte.[79]

COMENTÁRIO – Os reflexos do Espírito (*Ātman*) nos objetos podem produzir miragens que fazem surgir a noção de coisas inexistentes. Caso

[79] Em outras traduções, aforismo n.º 281: "Tendo compreendido (intimamente) teu próprio Ser como sendo o Ser em tudo, através das Escrituras, do discernimento e da tua própria experiência, elimina tua ilusão, mesmo quando um leve sinal pareça restar". (N.E.)

as consideremos como verdadeiras, estaremos profundamente envolvidos na ilusão e com isso deixaremos de perceber o Espírito que está por trás delas e passaremos a viver uma vida puramente mecânica, completamente divorciada da presença do eterno que está em nossos corações.

283 – Para o asceta (*muni*), não há atividade concernente ao dar ou tirar; portanto, pela devoção ao Um, diligentemente remove a errônea concepção de que o não espírito é o Espírito.

COMENTÁRIO – Mais uma vez chama-se a atenção sobre o erro de considerar o que não é o espírito como sendo o Espírito. Para eliminar este erro, temos que intensificar a nossa relação com o Um. Essa intensificação é feita graças a uma permanente recordação de que somos uma parte do Absoluto (Deus) que através de nós se expressa.

284 – A fim de fortalecer a condição de autoidentidade com *Brahman*, remove a errônea concepção [ilusão] de que o não espírito é o Espírito, através do conhecimento da identidade do Ser e *Brahman*, a qual surge de frases tais como "Tu és Aquilo".

COMENTÁRIO – Tu és Aquilo, *Tat Tvan Asi,* em sânscrito, é uma espécie de mantra com um extraordinário poder transformador, pois é capaz de destruir todas as barreiras de serapatividade criadas pela ilusão.

285 – Enquanto a noção de que "eu sou este corpo" não for completamente abandonada, controla-te com uma grande concentração, e com um grande esforço remove a errônea concepção de que o não espírito é o Espírito.

COMENTÁRIO – É preciso que nos libertemos da "sombra" do corpo. Para isso a plena atenção é fundamental. A "casca" da ilusão tem de ser perfurada a todo custo. Só então poderá surgir o inefável.

286 – Oh homem sábio! Enquanto permanecer a noção de que há

jīva e o mundo, mesmo que seja num sonho, remove, de imediato, a concepção de que o não espírito é o Espírito.[80]

COMENTÁRIO – Para removermos a noção de que o não espírito é o Espírito, temos que manter a concepção de que há uma profunda identidade entre a alma individual (*jīva*) e Alma Universal. É sábio aquele que põe de lado a ilusão e penetra no mundo do Espírito.

287 – Sem permitir qualquer intervalo de esquecimento, causado pelo sono, notícias de atividades mundanas, ou pelos objetos dos sentidos, medita no Ser (*Ātman*) presente no ser.

COMENTÁRIO – A distinção que existe entre o ser, com "s" maiúsculo universal e eterno e o ser com "s" minúsculo, individual, frustrado, mas que é um reflexo dele, é a mesma que existe entre a imagem do Sol numa poça d'água e o verdadeiro Sol. Medita na natureza de *Ātman.*

288 – Abandona este corpo de carne e impurezas, produzido pelas impurezas do pai e da mãe, assim como se deixa de lado um pária; torna-te *Brahman* e alcança a meta.

COMENTÁRIO – Para nos tornarmos *Brahman*, deixando de lado a nossa condição de pária, é necessária uma transformação interior profunda equivalente ao que ocorre com a água, quando se transforma em vapor. A condição básica é que abandonemos o corpo, ou melhor, nos desapeguemos das paixões inferiores sem repressão. Isso deve ocorrer através da compreensão, quando vemos claramente a essência das coisas.

289 – Tendo *Ātman* mergulhado em *Paramātman* da mesma maneira como o espaço ocupado por um jarro [quando rompido] imerge no espaço livre, permanece [oh sábio], para sempre silen-

[80]Em outras traduções, aforismo n° 285: "Enquanto a percepção do mundo dos objetos (Universo) e dos *jīvas* (egos) persiste, mesmo como sonho, esforça-te continuamente, oh homem instruído, para afastar tuas ilusões". (N.E.)

cioso naquele estado.

COMENTÁRIO – O grande mergulho ocorre quando *Ātman* se funde com *Paramātman* (Alma Universal). Então, reina o silêncio e uma paz que ultrapassa o entendimento humano, existente no coração daqueles que moram no Eterno.

290 – Tendo se tornado autoiluminado, [como] *Brahman* que forma toda a base do *Logos*, o macrocosmo deve ser abandonado bem como o microcosmo, assim como se faz com receptáculos impuros.

COMENTÁRIO – Quando a luz infinitamente poderosa do *Brahman* rompe as trevas da ilusão, tudo deve ser abandonado, pois já não há mais utilidade. Somente existe a plenitude do eterno.

291 – Tendo transferido o conceito do eu, como sendo inerente a *Ātman* que é consciência, verdade e bem-aventurança, e tendo abandonado todos os atributos, torna-te para sempre *Uno*.[81]

COMENTÁRIO – Só aqueles que mergulham em *Ātman* experimentam plenamente a consciência, verdade e bem-aventurança. Neste momento desaparece o conceito do eu e nasce a participação direta com o *Uno*.

292 – Compreendendo que *Ātman* é *Brahman* e que nele este Universo é refletido, como uma cidade num espelho, tu alcançarás a meta final.

COMENTÁRIO – O Universo que percebemos a nossa volta através dos nossos limitados sentidos é uma imagem refletida no espelho de *Brahman*. Quando constatamos tal fato, a Realização suprema é alcançada e não exis-

[81] Em outras traduções, aforismo n° 290: "Transferindo a identificação que agora está enraizada no corpo físico para *Ātman* – a absoluta existência, consciência e bem-aventurança (*Sat, Chit, Ananda*) – e cessando também de identificar-se com o corpo sutil, torna-te para sempre o puro Ser uno". (N.E.)

te mais um eu separado de todos os outros e sim uma consciência cósmica que se autorrevela em cada criatura que é *una.*

293 – Tendo atingido aquela consciência suprema, bem-aventurança absoluta, [essência una primária, o Um sem segundo] na qual a natureza é verdade, que é sem forma e ação, abandona este ilusivo corpo que foi assumido por *Ātman*, assim como um ator abandona as roupagens que veste.

COMENTÁRIO – Todos os corpos que usamos, desde o mais denso (físico) ao mais sutil, são apenas roupas que, algum dia, serão descartadas. Não te apegues a elas. Cuida delas com atenção e carinho, pois são instrumentos preciosos para a autoexpressão. A alimentação adequada, o exercício moderado, a limpeza, o descanso conveniente são regras básicas para os atletas do Espírito.

294 – O Universo objetivo é falso do ponto de vista do *Logos*; este Universo objetivo não é o *Logos*,[82] porque é somente transitório. Como, então, pode o conceito "eu conheço a tudo" ser estabelecido com relação a coisas transitórias (tais como) o egoísmo e outros?

COMENTÁRIO – A pergunta apresentada neste versículo é fundamental. Como pode aquilo que é ilusório, transitório, em constante mutação atingir o conhecimento supremo? Nos versículos seguintes vêm uma série de respostas.

295 – A substância "eu" é a testemunha do egoísmo e do resto, pois o seu ser é sempre percebido, mesmo no sono sem sonhos; e as Escrituras[83] chamam-na incriada e eterna; portanto, *Ātman* é

[82]Em outras traduções, aforismo n° 293: "Este Universo objetivo é absolutamente irreal; nem o ego (egoísmo) é uma realidade..." (N.E.)
[83]Refere-se ao *Katha Upanishad*, I, 2:18. (N.E.)

diferente da verdade relativa e da falsidade.

COMENTÁRIO – *Ātman* está sempre presente em todas as situações. Está acima da relatividade do que chamamos verdade, ou mentira. Só Ele verdadeiramente existe. Percebê-Lo é possível para os que conseguem pacificar a sua natureza. Quando isso ocorre, eclode como uma explosão a Presença eterna em nossas relativas vidas.

296 – Somente o eterno e imutável *Ātman* pode ser o conhecedor de todas as diferenças daqueles que são diferenciados. O caráter desses dois [corpos denso e sutil] é irreal, porque é repetida e claramente percebido nos desejos objetivos da mente, no sonho e no sono sem sonhos.

COMENTÁRIO – Somente *Ātman* como consciência pura pode perceber as infinitas diferenciações a que está sujeito todo ser condicionado, imerso no oceano da manifestação.

297 – Abandona, portanto, a noção do "eu" em conexão com a massa de carne, como também essa noção em si mesma, a qual é um produto de *buddhi*. Mas, tendo conhecido *Ātman* que não é afetado nem pelo passado, presente ou futuro, alcança a paz.

COMENTÁRIO – A noção de abandonar, aqui enfatizada por Śankara, não significa destruir os veículos físico, emocional e mental e outros mais sutis e sim sujeitá-los, a fim de que a influência de *Ātman* possa se manifestar plenamente.

298 – Abandona a noção do "eu" na família, clã, nome, forma e estado de vida, os quais dependem deste corpo físico e, abandonando as propriedades do *linga sharīra*, tal como o sentimento de ser o ator, torna-te a forma essencial que é bem-aventurança absoluta.

COMENTÁRIO – Novamente o apelo para o abandono de todos os impedimentos, a livre manifestação de *Ātman*. Quando isso ocorre, dá-se a eclosão da bem-aventurança absoluta. Trabalha através da meditação esse gradual abandono dos veículos inferiores, e irás sentir gradualmente o aparecimento da grande aurora.

299 – Há outros obstáculos que se percebem como sendo a causa da existência corporificada do homem. A primeira delas é a modificação chamada *ahamkāra* (egoísmo).[84]

COMENTÁRIO – O egoísmo aperta, limita, fecha, obstaculiza, dificultando enormemente a clara percepção da Realidade. Enquanto estivermos possuídos por ele, estaremos presos no mundo da existência condicionada, sujeitos a toda espécie de sofrimentos.

300 – Enquanto estivermos presos ao vil *ahamkāra* (egoísmo), não há a mínima indicação de *Mukti* (a emancipação final), que é algo desconhecido para nós.

COMENTÁRIO – Enquanto presos na malha do egoísmo, não podemos conceber o que seja a emancipação, assim como o que é a luz para o cego de nascença.

301 – Aquele que se torna livre da centelha de *ahamkāra* atinge a forma essencial [sua verdadeira natureza], que é autoiluminada, imaculada como a Lua [não eclipsada], a tudo permeando, bem-aventurança eterna.

COMENTÁRIO – Mais uma vez Śankara chama atenção do grande impedimento à vida espiritual causado pela presença do egoísmo. E mais uma vez afirma a presença em nós da paz infinita que está acima de todos os elos.

[84]Outras traduções afirmam que a raiz desses obstáculos que conduzem à transmigração é o ego – que é a primeira modificação da ignorância. (N.E.)

302 – Aquele que, através da confusa ignorância, está privado da firme convicção de que Ele é *Parabrahman*, alcança a identidade de *Brahman* com *Ātman* na completa destruição (da ignorância).[85]

COMENTÁRIO – Mais uma vez surge a afirmação de que a ignorância é uma nuvem espessa que nos impede a visão do Sol. Somente com sua destruição, podemos realizar a suprema identidade do Eu com Aquilo.

303 – O tesouro escondido da suprema bem-aventurança é guardado pela muito poderosa e terrível serpente *ahamkāra*, que envolve o ser com as suas três cabeças, as *gunas*. O homem sábio é capaz de apreciar este oculto tesouro de bem-aventurança, após cortar essas três cabeças e destruir esta serpente com a grande espada do conhecimento espiritual.

COMENTÁRIO – É possível desfrutar intensamente a bem-aventurança no momento em que cortamos, com a espada flamejante da sabedoria, as qualidades da matéria. Essa matéria nos prendeu a uma vida desprovida de elevação espiritual, na qual predominavam *tamas* e *rajas*. A partir deste instante começa a predominar *sattva* (a harmonia) no ser, aguçando a nossa sensibilidade para o que está além das *gunas*.

304 – Enquanto existir uma mínima indicação dos efeitos do veneno no corpo, não pode haver liberdade da doença. Da mesma maneira o asceta (*yogi*) não atingirá *Mukti* (libertação) enquanto houver egoísmo.

COMENTÁRIO – Há todo um processo de purificação a ser atendido antes que possamos aspirar à libertação. Dependendo do *karma* de cada um, essa tarefa poderá ser mais leve ou pesada, durando alguns instantes, uma vida ou muitas. É fundamental que se inicie agora a purificação se

[85] Em outras traduções, aforismo n.º 301: "O ego é aquele que foi criado por *buddhi*, que está iludido pela ignorância e é percebido no corpo como 'eu sou isso ou eu sou aquilo'. Quando este egoísmo é totalmente destruído, se alcança a identidade com *Brahman* sem nenhuma obstrução". (N.E.)

realmente desejarmos nos libertar desta vida em que vivemos sem qualquer horizonte espiritual.

305 – Pela completa cessação do egoísmo e a consequente extinção de todas as manifestações enganosas, esta verdade essencial que afirma "Isto Eu Sou" é realizada através do discernimento do Ser real.

COMENTÁRIO – Temos que pôr de lado tudo o que nos ilude e impede de perceber a real dimensão do Ser. Enquanto isso não ocorre é impossível perceber a nossa identidade com o Supremo.

306 – Abandona imediatamente a noção de "eu" no *ahamkāra* (egoísmo), que é a causa da mudança, que experimenta as consequências do *karma* e que é o destruidor da paz existente no nosso próprio Ser real. Dessa concepção errônea que atribui uma coisa a outra (por exemplo, que *ahamkāra* é o Ser real), origina-se a existência corporificada – nascimento, morte, velhice, sofrimento – (o reflexo) do *Logos*, o qual é consciência e bem-aventurança.[86]

COMENTÁRIO – Enquanto estivermos presos ao *karma*, sofreremos as consequências do vir-a-ser. Daí advêm as ilusões que nos impedem a visão clara do Real, e a vivência da bem-aventurança inata em nosso ser torna-se impossível.

307 – Não há outra causa desta nossa mutável existência do que esta concepção (de que *ahamkāra* é o Ser real). Por trás dessa mutação está *Cidātman* (o *Logos*) que é em si mesmo a imutável

[86]Em outras traduções, aforismo n° 305: "Renuncia imediatamente a tua identificação com a noção de ego, o agente, que é por natureza uma modificação (da ignorância), que está dotado com um reflexo do Ser e que desvia (a atenção), impedindo que se estabeleça em *Ātman*. Devido a esta identificação atingiste esta existência relativa (*samsāra*), repleta de misérias do nascimento, decrepitude e morte, ainda que sejas a Testemunha, a essência do conhecimento e bem-aventurança absolutos" (N.E.)

bem-aventurança e cuja única forma é a Realidade de uma imaculada glória.

COMENTÁRIO – A culminância da série de vidas sucessivas é a libertação quando, então, brilha *Cidātman* em toda sua glória. Nesse instante termina o infindável processo que nos escraviza no tempo e no espaço. O alívio é enorme, resultando em uma explosão de riso ou lágrimas de alegria. O lótus finalmente desabrochou em toda a sua plenitude.

308 – Tendo finalmente cortado com a grande espada do real conhecimento esse *ahamkāra*, o inimigo do verdadeiro Ser, e percebido que ele era como um espinho encravado na nossa garganta, desfruta plenamente a alegria do coração, claramente manifestada na bem-aventurança do império do Ser.

COMENTÁRIO – É fundamental alcançar o real conhecimento da natureza das coisas. No Budismo Tibetano, por exemplo, Manjusri, que representa a Sabedoria, porta uma espada flamejante que corta as amarras da ignorância, permitindo que "vejamos" o cerne da Realidade.

309 – Tendo, portanto, colocado um fim às funções de *ahamkāra* etc., e estando livre do apego por alcançar o objeto supremo, sê feliz na alegria da bem-aventurança espiritual e permanece silencioso em *Brahman* pelo atingimento do *Logos* que a tudo permeia, perdendo todo o sentido de separatividade.

COMENTÁRIO – Só seremos felizes quando pusermos de lado todo o apego, extinguindo a raiz dos desejos, terminando de vez a escravização ao domínio dos sentidos. Então, como uma explosão, irrompe um novo estado de consciência de onde brota uma inefável paz, livre de todos os conceitos.

310 – O grande *ahamkāra* (egoísmo), mesmo aparentemente cortado nas suas raízes, se estimulado de novo somente por um momento pela mente, irá voltar à vida e causará uma centena de

distrações, assim como durante as chuvas as nuvens são dispersadas pela tempestade.

COMENTÁRIO – É difícil arrancar as raízes do egoísmo. Elas continuam vivas por muito tempo, e basta a excitação passageira de um pensamento para que revivam, comecem a ganhar corpo e nos escravizem.

311 – Tendo subjugado o inimigo *ahamkāra* não se deve dar a ele qualquer pausa para a reflexão acerca dos objetos [sensórios]. Esse intervalo é a causa do seu reaparecimento assim como a água faz reviver uma enfraquecida limeira.

COMENTÁRIO – Quando se cortam as raízes do egoísmo, temos de estar plenamente atentos, pois elas têm uma inata tendência para se perpetuarem. Não pode haver contemplação de qualquer espécie sob pena de continuarmos escravos do eu.

312 – Como pode aquele que deseja e que existe através da noção de que o seu corpo é o ego, ser o causador do desejo que é assim, diferente? Portanto, a submissão à perseguição dos objetos é a causa da escravização através do apego às diferenciações.[87]

COMENTÁRIO – Quanto mais nos apegamos aos objetos, pessoas ou situações, mais sofremos no momento em que eles se desapegam ou são retirados à força. Temos que nos acostumar com a transitoriedade natural de tudo que constitui o Universo manifestado. Só então poderá nascer uma nova consciência emanada de *Ātman*.

313 – Deve ser observado que o crescimento do motivo é como o crescimento de uma semente (da mutável existência), e a destrui-

[87]Em outras traduções, aforismo n° 311: “Somente aquele que se identificou com o corpo é ávido pelos prazeres dos sentidos; como pode alguém liberto da ideia corpórea cobiçar (tais prazeres)? Assim, a tendência a considerar sobre os objetos sensórios é, verdadeiramente, a causa do aprisionamento à transmigração; daí surgindo a ideia da distinção ou dualidade”. (N.E.)

ção do primeiro é a destruição desta última; portanto, o primeiro (motivo) deve ser aniquilado.

COMENTÁRIO – Se um motivo nasce em nós, nasce logo após uma semente que vai crescer e ganhar fortes raízes, difíceis de arrancar. Só o discernimento (*viveka*) entre o falso e o verdadeiro será capaz de esterilizá-la para sempre.

314 – Pela força de *vāsanā* (a impressão do *karma* passado que permanece inconscientemente na mente), *kārya* (ação) é acumulada, e através disso, *vāsanā* cresce. Assim, de todos os modos, a mutável vida do ego continua.

COMENTÁRIO – Neste versículo está revelada a força motriz que invade os nascimentos e as mortes sucessivas. O combustível que se autorrenova e mantém acesa a chama ao longo de sucessivas vidas.

315 – Um asceta tem de queimar *vāsanā* e *kārya* a fim de cortar definitivamente a ligação com a mutável existência. O crescimento de *vāsanā* se deve ao pensamento e à ação externa [egoístas].

COMENTÁRIO – Um asceta, aquele que renunciou à superficialidade da vida, pode, graças à força interior desenvolvida pela meditação, esterilizar os pensamentos e as ações externas, a fim de que produzam frutos, pondo, assim, um termo à infindável sucessão de vidas.

316 – *Vāsanā*, nutrida por esses dois, produz a mutável vida do ego. Devem ser procurados, em todas as circunstâncias, meios para a destruição desta tríada.

COMENTÁRIO – Já foi visto no versículo n.º 315 que as impressões inconscientes da mente deixam marcas indeléveis na estrutura do ser através dos pensamentos e das ações. A destruição da tríada – impressões, pensamentos e ações – deve ser procurada em todos os momentos.

317 – Em toda parte, de todos os modos, olhando para tudo como sendo *Brahman* e reforçando a percepção da Realidade única, essa tríada desaparecerá.

COMENTÁRIO – À medida que começamos a perceber distintamente que todas as coisas são *Brahman* (Absoluto, Deus, Aquilo), a ilusão causada pela tríada mencionada irá desaparecendo.

318 – Pela extinção da ação [egoísta] provém a extinção do pensamento ansioso e quando se dá a extinção deste último ocorre a extinção de *vāsanā*. A extinção final de *vāsanā* é a libertação, que é também chamada *jīvanmukti*.

COMENTÁRIO – No texto *Jīvanmukti-Viveka*, de Sri Vidyaranya, é mencionado que a destruição do desejo latente (*vāsanā*), a dissolução da mente e *gnosis* são forças interdependentes indispensáveis para que se alcance a libertação final.

319 – Estando plenamente manifestada a aspiração em direção ao Real, desaparecem *vāsanā* dirigida a *ahamkāra* bem como a tudo mais, assim como ocorre com as trevas diante da luz de um Sol supremamente brilhante.

COMENTÁRIO – Quando se manifesta de forma irresistível a aspiração em direção ao Real, tudo mais desaparece e das trevas surge a luz de um resplandecente Sol.

320 – Ao surgir o Sol não mais são vistas as trevas e os seus efeitos – a rede do mal; da mesma forma, com a realização da bem-aventurança absoluta, não há mais escravidão ou qualquer traço de dor.

COMENTÁRIO – No momento em que a bem-aventurança absoluta se revela, desaparece qualquer traço de sofrimento, pois a rede de todos os males foi rompida. E com isso, apesar de vivermos uma existência condicionada a uma série de fatores restritivos, produtos do *karma* individual ou coletivo, estamos para sempre livres de suas ações.

321 – Transcendendo todos os objetos perceptíveis, realizando a única Verdade que é repleta de bem-aventurança, controlando os órgãos externos e internos, deve-se passar o tempo enquanto a escravização ao *karma* permanece.[88]

COMENTÁRIO – Nem sempre a iluminação ocorre conjuntamente com a extinção do *karma*. Nessas condições, devemos desfocalizar todos os objetos perceptíveis e sentir a bem-aventurança que está além das formas. Suportar pacientemente os movimentos da vida impede o aumento do sofrimento.

322 – Na devoção a *Brahman* não deve haver negligência. O filho de *Brahmā* (Sanatkumara) disse que negligência é morte.[89]

COMENTÁRIO – A plena atenção tem de ser contínua, sem desfalecimentos, em todos os momentos; no meio do conflito, ela não pode ser esquecida. No sofrimento ela é o bálsamo que alivia.

323 – O maior perigo para o sábio [*jñānin*] é a negligência com relação à forma real do Ser. Dela brota a ilusão, da ilusão *ahamkāra*, de *ahamkāra* (egoísmo) a servidão, e da servidão a dor.

COMENTÁRIO – *Viveka* (discernimento) é a espada que corta os nós da ignorância. No momento em que negligenciamos a nossa plena aten-

[88] Em outras traduções o aforismo n° 320 tem diferentes versões. Procurando coaduná-las: "Pelo (processo de) eliminação desaparece o Universo externo e interno, que é agora percebido; e meditando na Realidade, na bem-aventurança incorporada, deve-se passar o tempo vigilante para perceber se há algum resíduo de *Prārabdh*a [as impressões nesta vida das ações *kármicas* passadas; *karma* maduro] por abandonar". (N.E.)

[89] Refere-se ao diálogo *Sanat-sujāta-samvāda* entre Sanatkumāra, Filho do Senhor *Brahmā* e o rei Dhritarashtra no *Udyoga Parvan, Mahābharata*. (N.E.)

ção, deixamos de perceber a forma real do nosso Eu. Quando isso ocorre, estabelece-se o ciclo indicado no versículo acima. Não podemos nunca negligenciar, mesmo nos momentos do mais agudo desespero, pois podemos ter a certeza de que o auxílio chegará para os plenamente atentos.

324 – O esquecimento (do nosso verdadeiro Ser) arremessa (no oceano dos nascimentos e mortes) mesmo um homem instruído que, atraído pelos objetos dos sentidos, tem sua mente [*buddhi*] pervertida; assim como uma mulher quando se afasta do seu amado.

COMENTÁRIO – A confusão mental produzida pelo apego aos objetos é um fato. Sofremos terrivelmente pela expectativa daquilo que muitas vezes jamais acontecerá. Isso ocorre quando nos esquecemos da nossa verdadeira essência e vivemos envolvidos nos acontecimentos de um mundo totalmente distorcido onde a essência das coisas jamais é percebida.

325 – Assim como o musgo que cobre a superfície da água retorna quando retirado momentaneamente, também a ilusão (*māyā*) volta a velar o homem instruído quando este retrocede [negligencia a prática da meditação em *Ātman*], esquecendo o seu Ser real.

COMENTÁRIO – É um perigo esquecermos o nosso verdadeiro Eu. No momento em que se dá essa perda da identidade fundamental, o ser humano é encoberto pelas nuvens da ilusão, e a paz fundamental desaparece como por encanto. Sobrevém o medo, a angústia, a solidão, a dúvida, a desesperança de estar-se preso numa cela escura com as paredes cobertas de limo.

326 – Se o ego pensante perde o seu objetivo [*Brahman*], e se diverte superficialmente, então ele se afasta da reta direção, como uma bola de jogo que descuidadamente desprende-se descendo os degraus de uma escada.

COMENTÁRIO – Devemos, como uma bússola, indicar o rumo correto, apesar das tempestades e eventuais imprevistos. Se isso não ocorre, iremos permanecer desorientados pelo oceano da vida sem esperança de alcançar a outra margem que ansiamos encontrar algum dia.

327 – A mente dirigida aos objetos dos sentidos determina as suas qualidades (e assim se torna atraída por eles). O desejo nasce dessa determinação e dele, a ação humana.

COMENTÁRIO – O que dá qualidades aos objetos é a mente. É ela que lhes atribui qualidades e valores. Sem a sua presença os objetos não têm qualquer valor e são apenas coisas. A origem do desejo está nos valores atribuídos pela mente a esses objetos. Daí nascem as ações que nos movimentam em direção a eles.

328 – Daí vem a separação do Ser real. Aquele que se separa, retrocede e dificilmente ascende de novo, pois geralmente se destrói. Abandona, portanto, os pensamentos (ligados aos objetos sensíveis), uma vez que aí está a causa de todos os males.

COMENTÁRIO – A separação do Ser real que está em nós é a causa de todos os sofrimentos, pois, quando isso ocorre, está fragmentada a ligação com a Luz infinita e a Vida eterna que, como dizem os budistas da Terra Pura, são a nossa razão de ser. Desaparece nesse instante o Paraíso que é o nosso verdadeiro lar, e nos vemos presos aos objetos dos sentidos, completamente esquecidos da nossa essencialidade.

329 – Portanto, não há morte – a não ser a causada pela negligência – para quem possui discernimento e conhece a *Brahman* pela experiência direta do *samādhi*. Aquele que estiver absorvido no Ser (Real) alcança o mais pleno sucesso. Sede, portanto, diligente e autocontrolado!

COMENTÁRIO – O conhecimento de Deus (Aquilo, *Brahman*) pela experiência direta é muito importante. E é possível que isso aconteça a cada ser, desde que ofereça as condições necessárias para que a identidade seja estabelecida. No momento em que isso ocorre, não há mais morte e sim uma ativa presença do Real em nossas vidas. Essa absorção em Deus permite que alcancemos a mais plena realização.

330 – Aquele que enquanto vivo realiza a unidade (com o Supremo) também o consegue quando desprovido do corpo. Entretanto, para aquele que é consciente [que vê] mesmo das sutis diferenciações, existe o medo – assim diz *Yajur-Veda.*[90]

COMENTÁRIO – Vivo ou morto podemos alcançar a união com o Supremo. Quando, entretanto, nasce qualquer diferenciação surge imediatamente o medo e com ele toda uma sucessão de sofrimentos.

331 – Quando a qualquer momento o homem instruído percebe mesmo que seja um átomo de diferenciação no infinito *Brahman*, então, o que é percebido como uma diferença, através da negligência, é para ele a causa do medo.

COMENTÁRIO – A negligência é a perda de contato com o Real, causado pela distração proveniente dos sentidos, das emoções e da mente. As imagens, os ruídos de irritante música de fundo, os aromas, as sensações corporais, tudo isso contribui para diluir a plena atenção e causar o medo.

332 – Aquele que considera o que é percebido como sendo o ego, a despeito das centenas de injunções que afirmam o contrário no *Shruti* (*Vedas*), *Smrti* (os livros da lei) e *nyāya* (lógica), mergulha numa multidão de dores. Esse homem, que faz o que é proibido,

[90] A partir deste aforismo, a numeração na edição de Chinmayananda segue-se igual à de Mohini. Nas outras edições este aforismo corresponde ao de n° 329 e apõe, no início, a seguinte frase: "Portanto, deve-se deixar de refletir nos objetos dos sentidos, os quais são a raiz de todo mal". O *Taittirīya Upanishad*, parte II, 8, é o texto citado no *Yajur-Veda*. (N.E.)

é como um malfeitor.

COMENTÁRIO – Aquele que ignora o que está dito nos textos autênticos e se deixa perder nas malhas dos sentidos irá inevitavelmente sofrer. Ele pode ser comparado a um malfeitor que transgride as leis estabelecidas e que irá, mais cedo ou tarde, pagar por suas atitudes.

333 – O homem liberado, que se devota a seguir a Verdade, sempre alcança a glória do Ser real, enquanto aquele que se entrega à perseguição da falsidade perece; isso se vê no caso de um ladrão e um homem honesto.

COMENTÁRIO – O homem que conseguiu se libertar das ilusões tem condições para totalmente se dedicar à busca da verdade, pois não está mais preso às sutis malhas do *karma*. A glória do Ser Real, autêntico, está a sua espera, pronto a eclodir quando as condições forem propícias.

334 – O asceta, ao abandonar a perseguição da irrealidade, a causa da servidão, está apoiado na percepção espiritual do "Eu sou o *Logos*". A devoção a *Brahman* dá a bem-aventurança através da realização do Ser real e afasta a grande dor experimentada como efeito de *avidyā*.

COMENTÁRIO – É fundamental que alcancemos a percepção do "Eu sou o *Logos*". Este é um fato assim como este livro em que estás lendo estas palavras. Será que já conseguimos senti-lo? No momento em que isso ocorre, acontece aquela transmutação fundamental, uma mudança de estado e tudo parece estar iluminado internamente. Os fantasmas desaparecem na clara luz.

335 – A perseguição dos objetos externos resulta no crescimento de más *vāsanās* em número cada vez maior. Portanto, ao compreender o verdadeiro caráter de tais objetos através do conhecimento que é fruto do discernimento, e abandonando-os, deves

constantemente te engajares na busca do Ser real.

COMENTÁRIO – Deixa de lado as formas e seus apelos sensoriais e penetra fundo na essência onde encontrarás a Paz que lá existe e que nem suspeitas, pois estás completamente dominado pelas ilusões.

336 – Tendo sido controlada a perseguição aos objetos externos, é obtida a tranquilidade da mente (*manas*). Da tranquilidade da mente nasce a visão de *Paramātman* (o *Logos*). Da clara percepção de *Paramātman* resulta a destruição da escravização à existência condicionada. O controle do externo é o [início do] caminho para a liberação.

COMENTÁRIO – Neste versículo são apresentadas, em sequência, as diversas etapas que nos podem levar até a libertação total. Para que isso ocorra a chave é o controle do externo. Esse é o primeiro passo na senda.

337 – Como pode um homem instruído, capaz de discernir entre o Real e o irreal, compreendendo o supremo objeto de acordo com as conclusões dos textos sagrados (*Shruti*) e aspirando por liberação, permanecer no irreal que é a causa da sua própria queda?

COMENTÁRIO – É inconcebível que permaneça preso ao irreal alguém que seja capaz de discernir e não utilize sua capacidade em toda plenitude. Procedendo dessa forma estará atrasando o momento em que se dará a sua libertação e sofrendo inutilmente nas malhas do *karma*.

338 – Não há liberação (*Moksha*) para aqueles que forem apegados ao corpo etc. No liberado não há noção do corpo e de tudo mais como sendo o ego. O homem adormecido não está desperto, e o desperto não está adormecido, pois esses dois estados são opostos por natureza.

COMENTÁRIO – Enquanto permanecermos presos ao corpo, às emoções, aos pensamentos, à memória e à rotina estaremos completamente dissociados de uma paz que ultrapassa o entendimento humano, mas que existe em nossos corações.

339 – Está liberado aquele que percebeu o *Logos* dentro e fora, nas coisas móveis e imóveis, constatando que Ele é a base do ego e abandonando todos os *upādhis* (corpos), permanece como o indestrutível *Logos* [*Ātman*] que a tudo permeia.

COMENTÁRIO – Muitas vezes, quase sempre, o *karma* nos coloca diante de situações desfavoráveis para a plena realização de uma vida espiritual. Dificuldades financeiras, problemas domésticos, ambiente desfavorável a uma vida de recolhimento, doenças e toda uma série de acontecimentos que dificultam atingir aquele estado ideal de paz que ansiamos. Entretanto, fique certo, tenha esperança de que poderemos transcender essas situações, ao nos refugiarmos no santuário dos nossos corações. Então, só restará a inefável presença do *Logos* preenchendo-nos com paz e alegria.

340 – Não há outro meio para a remoção da escravização do que a Realização da natureza do *Logos*. [Não há nada superior à identificação do Universo como *Ātman*.] Quando os objetos dos sentidos não são mais perseguidos, o estado de "ser" do *Logos* é atingido através da ininterrupta direção a Ele.

COMENTÁRIO – No momento em que os objetos dos sentidos não são mais perseguidos com sofreguidão, quando as emoções se pacificam e a mente se torna translúcida, mergulhamos n'Aquilo. Para que isso ocorra, é indispensável uma constante devoção ao que não tem nome, mas que é uma ativa Presença em nossas vidas, quando damos as necessárias condições para o seu aparecimento.

341 – Como pode a não perseguição aos objetos dos sentidos – somente obtida com esforço pelo sábio conhecedor da Verdade,

que está incessantemente devotado ao *Logos* [*Ātman*], aspirando a eterna bem-aventurança, e que renunciou a todos os objetos do *dharma* (observâncias) e do *karma* (ritos e cerimônias religiosas) – ser possível a alguém que considere o seu corpo como sendo o Ser, cuja mente está envolvida na perseguição dos objetos externos e que executa todas as ações ligadas a eles?

COMENTÁRIO – É totalmente impossível a libertação para os que estão presos aos objetos externos. Estes agem como pesadas âncoras impedindo que naveguemos nas águas do oceano da paz infinita.

342 – Para o atingimento do estado do *Logos* pelo *bhikshu* (asceta) engajado no estudo da filosofia, o *samādhi* está recomendado pelo *Shruti* na passagem: "possuam o controle sobre os órgãos externos e a mente" e outras.[91]

COMENTÁRIO – Aqui neste versículo, como variação ao mesmo tema da libertação, é mais uma vez afirmada a indispensabilidade do desapego, da neutralização da atração pelos objetos como condição fundamental para pôr fim ao infindável ciclo de mortes e renascimentos.

343 – Mesmo o sábio não é capaz de produzir imediatamente a destruição do egoísmo, que se torna forte à medida que cresce. Exceto para aqueles que estão fixados no *nirvikalpa-samādhi*, *vāsanā* cria muitos nascimentos.

COMENTÁRIO – É dificílimo acabar com o egoísmo, com aquele sentimento de que somos o centro do mundo. Nada é tão árduo quanto o quebrar essa casca que nos envolve, que nos priva da liberdade de autoexpressarnos plenamente.

[91] Em outras traduções: "Para o *sannyāsin* que tenha ouvido o discurso sobre os *Shrutis* e tenha cultivado *shama*, *dama* etc. (recomendado no *Brihadāranyaka Upanishad* – IV, 4:23), as Escrituras prescrevem *samādhi* para a realização da identidade de todo o Universo com o Ser". (N.E.)

344 – *Viksepa-shakti* [a força que faz a mente voltar-se para o exterior] prende um homem à ilusória ideia de um "eu", através do poder de *āvarana-shakti* [o poder que faz uma coisa aparecer como outra], e o conduz (a esta existência corporificada) através de suas qualidades.[92]

COMENTÁRIO – Há uma força impelindo-nos ao *samsāra* (vir-a-ser) e que nos escraviza na ideia de que somos um eu separado. É incrível o poder que nos tolhe a liberdade.

345 – *Viksepa-shakti* é impossível controlar até que *āvarana-shakti* seja desenraizado. E esta [cobertura sobre *Ātman* desaparece naturalmente] é destruída em sua natureza inerente, quando o sujeito é perfeitamente distinguido do objeto, como o leite o é da água. [Mas a vitória só é indubitavelmente completa e livre de obstáculos quando não há (mais) oscilação da mente devido aos irreais objetos dos sentidos].

COMENTÁRIO – *Viveka* (discernimento) é a condição básica para levar o indivíduo à libertação. Sem ela nada é possível e continuaremos presos nas malhas da ilusão.

346 – (Quando há uma completa cessação da atividade de *viksepa-shakti* em relação ao irreal, então, sem dúvida ou impedimento) surge o perfeito discernimento, nascido da clara percepção, dividindo os princípios real e irreal, cortando subitamente o elo da ilusão produzida por *māyā*, pois para aquele que está emancipado dela não mais há existência mutável.

COMENTÁRIO – O que nos impede de perceber as coisas como elas

[92] Em outras traduções: "O poder de projeção (*viksepa-shakti*, produzido por *rajas*), auxiliado pelo poder velador (*āvarana-shakti*, produzido por *tamas*), embaraça o homem com a tempestade das ideias egoístas e o distrai através dos atributos desta agitação (como "eu sou o fazedor" etc.)". (N.E.)

são é o poder do encantamento, que deforma constantemente a percepção do Real. Devemos estar atentos a esse fato a todos os momentos a fim de que o discernimento surja e revele completamente o Real.

347 – O fogo do conhecimento da unidade (de *Brahman*) [e *jīva*] sem limitações queima completamente a floresta de *avidyā*; então, onde estão as sementes da mutável existência para quem atingiu completamente o estado de unidade?

COMENTÁRIO – O verdadeiro conhecimento tem o poder extirpador do fogo que destrói totalmente as sementes que produzem a existência mutável. Aquele que atingiu o estado de unidade está liberado para sempre e não mais regressará.

348 – *Āvarana-shakti* cessa totalmente através da realização da Unidade. A destruição do falso conhecimento é a cessação do sofrimento (que surge) de *viksepa-shakti*.

COMENTÁRIO – Aqui está mais um reforço ao que Śankara afirma nos versículos anteriores. Essa repetição visa impregnar o conceito na essência de quem busca a Realização a fim de que esse encantamento desapareça. Isso era muito importante numa época em que os textos eram manuscritos e de difícil acesso e a memorização era a única forma de reter a sabedoria.

349 – Pela percepção da verdadeira característica de uma corda, essas três são vistas. Portanto, o sábio tem que conhecer a substância essencial para se libertar da escravização.

COMENTÁRIO – As características mencionadas são: 1) o poder que envolve a corda, fazendo com que a consideremos como sendo uma serpente; 2) a perturbação mental que nos causa; 3) o errôneo conhecimento de que a corda é uma serpente. Quando o sábio penetra na essência da Realidade, tudo desaparece e apenas o Real perdura.

350 – *Buddhi* em conjunção com a consciência – é semelhante à união do ferro com o fogo – manifesta-se como as faculdades da sensação. Os efeitos desta manifestação são as três características acima mencionadas, portanto, o que é percebido no erro, no sonho e no desejo é falso.[93]

COMENTÁRIO – Vide o aforismo n° 349, onde são explicadas as três características. Tudo Aquilo que é percebido no erro, que caracteriza a nossa vida, no sonho ou no desejo, que constantemente nos possui é falso e deforma completamente a realidade em que estamos imersos e não percebemos.

351 – Portanto, todos esses objetos, começando por *ahamkāra* (egoísmo) e terminando pelo corpo físico [e todos os objetos dos sentidos], são modificações de *prakriti.* Eles são irreais, pois a cada momento aparecem diferentes, enquanto *Ātman* é sempre constante.

COMENTÁRIO – Todas as coisas, nos mais variados níveis de diversificação, quer sejam para nós visíveis ou invisíveis, estão em constante transformação. Devido a essa constante mutabilidade, podem ser consideradas como sendo irreais. Só é verdadeiramente real *Ātman*, em torno do qual essas formas transitórias se congregam.

352 – *Paramātman* é o eterno, bem-aventurança sem mistura, eterna, não dual, indestrutível consciência, sempre o mesmo, a Testemunha de *buddhi* e do resto, diferente do ego e do não ego. A sua verdadeira significação é indicada pela palavra "Eu" (*aham*), o Ser real.[94]

---

[93]Em outras traduções: "Como o ferro manifesta-se incandescente através de seu contato com o fogo, assim *buddhi*, através da inerência de *Brahman*, manifesta a si mesmo como o conhecedor e o conhecido. Assim, esses dois (conhecedor e conhecido), que são os efeitos de *buddhi*, são considerados irreais na ilusão, no sonho e na imaginação". (N.E.)

[94]Em outras traduções: "O Ser supremo.... é distinto do grosseiro e do sutil, é o significado implícito

COMENTÁRIO – Há uma indestrutível consciência por trás de todas as formas ilusórias. Ela é eterna e nela nos movemos e temos o ser. À medida que se manifesta mais plenamente, as nossas vidas ganham profundidade e significação. Quer estejamos sentados, andando, deitados, ou mesmo dormindo, sentimo-nos tocados pela sua benéfica presença. Eu sou Aquilo!

353 – O homem sábio, tendo, deste modo, discernido entre o ego e o não ego,[95] tendo testemunhado a Realidade única pela inata percepção espiritual, tendo realizado seu próprio *Ātman* como conhecimento indestrutível, repousa em seu Ser real, tornando-se livre (dos dois, ego e não ego).

COMENTÁRIO – É importantíssimo o momento em que testemunhamos a presença da Realidade única, quando a sentimos diretamente. Agora já não se trata de alguma coisa que os textos mencionam, mas, sim, de uma presença de algo vivo, pulsante, em nós. Alguma coisa que não mais podemos negar e que deixa em nossa natureza a marca de um ferro em brasa.

354 – A ignorância – o nó do coração – é destruída completamente quando o não dual *Ātman* é realizado, graças ao *avikalpa samādhi* [o supremo ou *nirvikalpa samādhi*].

COMENTÁRIO – Os nossos "corações" estão repletos de "nós" que foram produzidos pelos inúmeros erros cometidos ao longo de sucessivas vidas. Enquanto não os cortamos com a espada flamejante da Sabedoria, a visão flamejante não dual de *Ātman* plenamente revelado não será possível para o processo, e a continuidade da atividade do vir-a-ser será mantida.

355 – Sendo *Paramātman* (o *Logos*) não dual e sem diferença, tais concepções como "eu", "tu" e "isto" são produzidas através dos defeitos de *buddhi*. Mas quando *samādhi* se manifesta, todas

---

no termo "Eu", a bem-aventurança subjetiva incorporada". (N.E.)

[95]Outras traduções referem "discernindo entre o Real e o irreal". (N.E.)

as diferenciações ligadas a ele são destruídas através da realização da única e real Natureza.

COMENTÁRIO – Só há uma única e real substância que permeia todas as coisas. Entretanto, não a percebemos devido aos nossos defeitos. Temos que aprender a conviver com as nossas falhas e as dos outros, a fim de que algum dia possamos perceber a intensa Luz, Paz e Amor que brilha em todos os quadrantes. O exercício da paciência, do suportar sem reclamações, sem nos fazermos de vítimas, está na raiz da libertação.

356 – O asceta, possuidor de *shama*, *dama*, supremo *uparati* e *kshānti* (paciência) e que está devotado ao *samādhi*, percebe o estado do *Logos*[96] e, através desta percepção, queima totalmente todo *vikalpa* (erro) produzido por *avidyā* (ignorância) e mora mergulhado na bem-aventurança, livre de todas as ações e oscilações da mente.

COMENTÁRIO – Aquele que consegue se libertar das amarras que o prendem e retira as vendas que lhe impedem de ver a Realidade exuberante da existência *Una* atinge a Paz que ultrapassa o entendimento humano e extingue para a sempre a ignorância.

357 – Somente são livres da escravidão da existência condicionada aqueles que tenham [atingido *samādhi*] transcendido todas as coisas externas, tais como o ouvir, a mente, [e mais ainda] o "eu" e o egoísmo, tendo sido absorvidos no *Logos* [em *Ātman*, o conhecimento absoluto]; e não aqueles que simplesmente falam sobre o mistério.

COMENTÁRIO – Não é através do pensamento discursivo, da simples discussão que se alcança a libertação do sofrimento, mas sim através da experiência direta, da vivência, do mergulho na Realidade que isso po-

[96]Em outras traduções: "... contempla seu próprio Ser como sendo o Ser no Universo..." (N.E.)

derá ser obtido.

358 – É através das diferenças dos *upādhis* (veículos) que o verdadeiro Ser parece estar dividido; quando os *upādhis* são removidos somente resta o verdadeiro Ser. Que o homem sábio permaneça sempre devotado ao *samādhi* até que ocorra a dissolução final do *upādhi*.

COMENTÁRIO – As diversas "roupagens" que revestem o verdadeiro Ser acabam deformando-o e impedindo a sua plena manifestação na vida física. É necessário que sejam transcendidas para que a centelha eterna possa brilhar em toda a sua plenitude.

359 – O homem devotado a *Sat* (o Real) torna-se *Sat*, através da exclusiva devoção a Este; da mesma forma como uma larva (conforme crença popular), pensando intencionalmente na vespa, é transformada, tornando-se assim em uma vespa.

COMENTÁRIO – Neste versículo está expressa uma antiquíssima ideia de que é possível uma criatura se tornar naquilo que pensa devotadamente. À medida que temos presente em nossa mente uma imagem, gradativamente nos tornamos ela. Na Índia, utiliza-se muito a repetição (*apa*) de um mantra, que é uma forma de impregnação no sentido profundo do mesmo. No caso do Budismo da Terra Pura, a repetição do nome do Buda Amida (*Nembutsu*) enseja ao devoto uma gradativa aproximação à *Vida Eterna* e *Luz Infinita* que está em nossos corações.

360 – O inseto, abandonando o apego a toda outra ação, "meditando" em se transformar na vespa, por fim atinge tal estado. Similarmente, o *yogi*, meditando em *Paramātman* (*Logos*), torna-se Ele, através da devoção a este Um.

COMENTÁRIO – Novamente Śankara reforça a importância da devoção como fator transformador. Graças à manutenção e intensificação do "calor" gerado pela firme intenção, poderá nascer na criatura um novo estado de ser.

361- O excessivamente sutil *Paramātman* (*Logos*) não pode ser percebido pela visão grosseira. Somente é acessível através do *samādhi* e das faculdades supremamente sutis àqueles nobres homens que tenham *buddhi* purificado.

COMENTÁRIO – O problema da sintonia com *Paramātman* decorre de sua extraordinária sutileza. Para isso temos que nos valer de *buddhi*, que está além da mente, e do *samādhi*, que é um estado de suprema consciência, quando, então, percebemos as coisas em sua essência.

362 – Assim como o ouro, adequadamente purificado pelo fogo, alcança a sua qualidade essencial, abandonando todas as impurezas, assim também *manas*, ao abandonar as impurezas de *sattva*, *rajas* e *tamas*, através da meditação, alcança a suprema Realidade.

COMENTÁRIO – A água lodosa, a fim de se tornar translúcida, tem que ser filtrada, para remover as impurezas acumuladas. Deve ser decantada para que as mesmas não sejam mantidas. Pode desta forma recuperar a pureza perdida e se transformar em algo indispensável à vida.

363 – Quando *manas*, amadurecido por uma incessante disciplina desta espécie, torna-se mergulhado em *Brahman*, então o *samādhi*, desprovido de todo *vikalpa* (diferenças entre o sujeito e objeto), torna-se o produtor da realização da bem-aventurança não dual.

COMENTÁRIO – A Realização não dual significa a fusão do sujeito com o objeto, a visão unitária da Realidade em que estamos mergulhados, a vivência d'Aquilo que é a nossa raiz. Então, nasce a plena constatação de uma ilimitada bem-aventurança.

364 – Com esse *samādhi* ocorre a destruição completa do nó de *vāsanā* (desejos) e a extinção de todo *karma* (ação). É, então, que ocorrerá, sempre e de todas as formas, dentro e fora, uma espontânea manifestação de *svarūpa* [– de sua própria natureza Real].

COMENTÁRIO – É do poder supremo do *samādhi* que vem a causa da destruição de todos os impedimentos que nos dificultam perceber o Eterno. Na medida em que possamos manter esse *samādhi*, estaremos num contato permanente com o Supremo. Não se trata de algo inalcançável pelo ser humano, mas de uma experiência que está a nossa espera, quando oferecermos as condições necessárias para que ocorra.

365 – Saiba que a reflexão é cem vezes mais efetiva do que o simples ouvir e que a meditação é cem mil vezes superior à reflexão. Mas o *nirvikalpa-samādhi* é infinitamente superior à meditação.

COMENTÁRIO – Aqui está uma verdadeira fórmula de ampliação da consciência que começa pelo ouvir, passa pelo refletir, meditar, assimilar, e atinge o *nirvikalpa-samādhi.* Temos, portanto, quatro estágios bem definidos nesse processo que teremos que passar, antes de alcançarmos a culminância da Realização.

366 – Verdadeiramente é pelo *nirvikalpa-samādhi* que é claramente alcançada a Realidade essencial chamada *Brahman.* Isso não ocorre por outros meios: pois a Realidade não dual torna-se misturada com outras concepções através da inconstância que caracteriza a atividade de *manas*.

COMENTÁRIO – As constantes mudanças ocorridas na mente fazem com que percamos a clara percepção do que é verdadeiramente Real. O sentido de unidade é perdido, e nasce a errônea concepção do eu separado de todas as outras coisas. No estado de *nirvikalpa-samādhi* percebemos a

Realidade essencial de *Brahman* em que sempre estivemos mergulhados sem que o percebêssemos.

367 – Portanto, com os órgãos dos sentidos controlados e com uma ininterrupta tranquilidade da mente, estejamos engajados na meditação no *Logos*, e pela percepção da Realidade *una* destruamos as trevas causadas por *avidyā* que não tem princípio.

COMENTÁRIO – Novamente Śankara apresenta-nos aqui os seguintes quatro estágios: l) Controle dos órgãos dos sentidos; 2) Tranquilidade ininterrupta; 3) Meditação no *Logos*; 4) Percepção da realidade *Una*. Caso consigamos manter viva essa sequência, poderemos destruir a ignorância que nos impede de atingir a bem-aventurança, libertando-nos dos grilhões do vir-a-ser.

368 – O primeiro portal do *Yoga* é o controle da palavra, a seguir a não aceitação (de algo ou de tudo), ausência de expectativa e a ininterrupta devoção à Realidade *una*.[97]

COMENTÁRIO – Agora estão aqui colocados quatro importantes pontos na seguinte sequência: l) Controle da palavra; 2) Não aceitação de qualquer coisa; 3) Ausência de expectativa; 4) Constante devoção.

369 – A ininterrupta devoção à Realidade *una* é a causa da cessação dos prazeres dos sentidos, *dama* é a causa da tranquilização do ser pensante, e *shama* leva à dissolução do egoísmo. Daí decorre a satisfação perpétua do *yogi* pela bem-aventurança de *Brahman*. E, portanto, a cessação da atividade do ser pensante deve ser alcançada com esforço pelo asceta.[98]

[97] Em outras traduções: "Os primeiros degraus para o *Yoga* são: l) controle da fala; 2) não aceitação de presentes; 3) não se entreter com expectativas; 4) liberdade de ação; 5) sempre viver em um local, ou de um modo, reservado". (N.E.)

[98] Em outras traduções: "Viver de modo solitário ajuda a controlar os órgãos dos sentidos (*dama*), o controle dos sentidos auxilia o controle da mente (*shama*), e através da mente controlada o

COMENTÁRIO – A sequência na qual o aspirante à libertação deverá meditar profundamente é a seguinte: 1) constante devoção à Realidade única, que leva à 2) cessação dos prazeres dos sentidos e o consequente 3) desprendimento dos objetos de onde nasce; por fim, à 4) tranquilidade do ser pensante, de onde surge 5) o desapego, que resulta na 6) dissolução do egoísmo e, como consequência, na 7) satisfação perpétua do *yogi*.

370 – Controla a palavra por ti mesmo. Controla a ti mesmo através de *buddh*i (inteligência); e *buddhi* pela Testemunha da divina luz *(buddhi*). Imerge esta Testemunha em *nirvikalpa-pūrnātman* (o *Logos* onde não existe distinção entre o ego e o não ego) e obtém o supremo repouso.[99]

COMENTÁRIO – Há uma linha de menor resistência, através da qual podemos alcançar o repouso supremo. Cada um deve descobri-la através de uma intensa busca. Razões *kármicas* podem tornar extremamente difícil a percepção da sua presença. Para isso os hindus usam a palavra *virya* (determinação) para vencer todos os obstáculos.

371 – O *yogi* alcança o estado daquele *upādhi* com cujas funções está envolvido, tais como o corpo, *prāna*, sentidos, *manas*, *buddhi* etc.

COMENTÁRIO – O objetivo do *yogi* é procurar um estado de harmonia com os seus diversos corpos a fim de vibrar em uníssono com o Supremo que mora em nós desde todo o sempre. Daí advém uma série de regras a serem aplicadas nos diversos *upādhis* (veículos), que permitem pacificar os pensamentos, as palavras e ações. Quando isso ocorre, serão estabelecidas condições que permitam a eclosão de uma consciência suprema.

egoísmo é destruído; isso confere ao *yogi* uma Realização ininterrupta da bem-aventurança de *Brahman*. Portanto, o homem que reflete (ou medita) deve sempre se esforçar por aquietar a sua mente". (N.E.)

[99] Em outras traduções: "Restringe a fala (e os outros órgãos dos sentidos) em *manas*, restringe *manas* em *buddhi*, e este restringe-o na Testemunha de *buddhi* (*jīva*), e imergindo também isto no Ser Absoluto Infinito, atinge a suprema Paz". Vide *Katha Upanishad* II, 3:13. (N.E.)

372 – Observa-se que com a cessação da atividade (das funções e *upādhis*) o *muni* (asceta) chega àquela perfeita felicidade, que é causada pela abstinência dos prazeres dos sentidos, e à realização da eterna bem-aventurança.

COMENTÁRIO – Quando são tranquilizados os pensamento, e as emoções, as nuvens da ignorância são sopradas pelo vento da Sabedoria, e pode brilhar, por fim, a eterna bem-aventurança.

373 – A renúncia, externa e interna, é adequada somente para quem não possui paixões [*vairāgya*]. Portanto, o homem desapaixonado, devido à aspiração pela libertação, esquece todo apego interno ou externo.

COMENTÁRIO – Saber renunciar é fundamental para que um dia possamos atingir a libertação. Não devemos nos apegar a nada, pois tudo, cedo ou tarde, nos será retirado por mais que nos apeguemos à vida. E é um fato; quanto mais nos apegamos às coisas, maior será o sofrimento quando elas forem retiradas da nossa posse. Isso é inevitável, e saber compreender esse fato é fundamental.

374 – O apego externo ocorre com os objetos dos sentidos; o interno está vinculado ao egoísmo e ao restante [todas as modificações da mente]. É somente o homem desapaixonado, devotado a *Brahman*, que é capaz de renunciar a eles.

COMENTÁRIO – A devoção ao Absoluto, ao Eterno, é condição indispensável para que o desapego ocorra. Nos momentos de crise, quando a nossa vida está em jogo, mantenha a confiança n'Aquilo que está além dos sentidos. E caso existam uma total confiança e entrega, o auxílio virá inevitavelmente.

375 – Oh tu, homem de discernimento, saiba que a renúncia e o

conhecimento espiritual são as duas asas do ego corporificado. Somente com o uso dessas duas, podemos alcançar a culminância onde se acha o néctar chamado libertação.

COMENTÁRIO – A renúncia e o conhecimento espiritual estão intimamente ligados. São como as asas de um pássaro, indispensáveis para que possa alçar um voo. Só se pode atingir o conhecimento espiritual colocando-se de lado todo peso morto, memórias, preconceitos e hábitos através da renúncia.

376 – Para aquele que possui um grande desapaixonamento nasce o *samādhi*; para quem está no *samādhi* há uma firme percepção espiritual. Para aquele que percebeu a Realidade essencial, ocorre a liberação e para *Ātman* liberado há a Realização da eterna bem-aventurança.

COMENTÁRIO – Neste versículo Śankara estabelece a seguinte sequência: 1) Desapego; 2) *Samādhi*; 3) Percepção espiritual; 4) Liberação; 5) Eterna bem-aventurança. Essa eterna bem-aventurança nasce no coração dos que moram no Eterno. É algo acima da intuição e das malhas do tempo. Só os que estão libertos das malhas ilusórias do vir-a-ser poderão perceber.

377 – Para aquele cujo ser é controlado, não vejo melhor gerador de felicidade do que o desapaixonamento. Se isso também é acompanhado por uma clara percepção espiritual, ele torna-se soberano no império do autodomínio. Este é o portal permanente da "donzela" chamada de libertação. Portanto, tu, que sendo indiferente a isso és desprovido de apego a qualquer coisa, conquista sempre o conhecimento de ti mesmo em nome da libertação.

COMENTÁRIO – É o desapego a porta que nos conduz à liberação, quanto mais nos apegamos às coisas, às pessoas, à situação, mais escravos ficamos. Todo esse apego leva ao sofrimento, que é proporcional à tensão que colocamos na posse. Lembrem-se sempre de *dukkha, anicca* e *anatta*, ou seja, insatisfação (sofrimento), transitoriedade e "não eu" que caracterizam este mundo.

378 – Corta o desejo pelos objetos dos sentidos que são como um veneno. Eles são as causas da morte. Tendo esquecido o apego egoísta à casta, à família ou à ordem religiosa, renuncia a todos os atos procedentes do apego. Abandona a noção do ser com relação à irrealidade – corpo etc. – e alcança o conhecimento do Ser. Na realidade Tu és a Testemunha, sem máculas, (a manifestação do) supremo *Brahman* não dual.

COMENTÁRIO – *Brahman* está além dos opostos, acima de todas as diferenças. Aqueles que o percebem vivem a vida permanente de onde resulta uma profunda bem-aventurança. Um êxtase cósmico. O corte, a separação dos objetos dos sentidos é fundamental. Enquanto existir o apego, estamos presos aos sofrimentos infindáveis do vir-a-ser.

379 – Tendo aplicado firmemente *manas* à suprema meta de *Brahman*, tendo confinado os órgãos externos aos seus próprios lugares, com o corpo imóvel, sem considerar o seu estado ou condição, e tendo realizado a unidade de *Ātman* com *Brahman*, através da absorção e permanecendo no indestrutível, bebei sempre a essência da bem-aventurança de *Bhahman*. Qual é a utilidade de tudo o mais que é desprovido de felicidade?

COMENTÁRIO – Nada mais importa a não ser a suprema felicidade. Tudo mais é acessório e serve apenas para desviar a criatura do supremo objetivo. Procura manter em todos os momentos essa ligação com o Eterno. Todo resto é passageiro e insubstancial.

380 – Abandonando todo o pensamento do não espírito que ma-

cula a mente e é a causa do sofrimento, pensa em *Ātman* que é bem-aventurança e é a causa da liberação.

COMENTÁRIO – Os pensamentos do não espírito maculam a mente, causam o sofrimento e obscurecem a presença radiante de *Ātman* de onde provêm, a todos os instantes, a paz e a bem-aventurança. Procura desenvolver essa Presença que, à medida que se manifesta, impregna o teu Ser.

381 – Este *Ātman* é autoiluminante; é a Testemunha de todos os objetos e está sempre manifestado no *vijñānamaya-kosha*. Realizando como finalidade última este *Ātman*, que é diferente de *asat* (o irreal), compreende-o como o indestrutível Ser ao permanecer nele.

COMENTÁRIO – Mora nele! Vivencia-o a todos os momentos e não apenas fugazmente, de relance. Só assim sentirás na carne o que Aquilo realmente é. Algo completamente diferente desta ilusória personalidade que pareces ser.

382 – Pronunciando o seu nome, compreende-o claramente como sendo a forma essencial do Ser, o Ser indivisível, não dependente de outro.[100]

COMENTÁRIO – É importante pronunciar o nome d'Aquilo sentindo, de momento a momento, a sua Presença nos envolvendo. É este o segredo de todos os mantras e orações.

383 – Realizando-O completamente como o Ser e permanecendo n'Ele, abandona a ideia de que o ser é o egoísmo e tudo o mais, considere-os como sendo apenas jarros de barro partidos pela falta de interesse neles.

[100]Em outras traduções: "Meditando continuamente neste *Ātman*, sem a intervenção de nenhum outro pensamento, pode-se decididamente compreendê-Lo como seu próprio Ser real". (N.E.)

COMENTÁRIO – Permanece no mundo envolto nas coisas, entretanto, sem te apegar a elas. São apenas "jarros (ilusões) partidos pelo discernimento" (*viveka*). Não há nada de essencial nelas. São apenas pedaços (cacos) daquilo que nos parecia eterno.

384 – Tendo aplicado a mente purificada (*antahkarana*) ao Ser real, que é a Testemunha, o conhecimento absoluto, graças a lentos estágios na serenidade, realiza, por fim, o *Pūrnātman* [o próprio Ser infinito].

COMENTÁRIO – A realização d'Aquilo que é eterno e imutável e que está desde todo o sempre em nós mergulhado na mais profunda consciência, gradual como o amadurecimento de um fruto. Quando o processo termina, nasce por fim o Sol da Consciência Suprema revelada.

385 – Considera o indestrutível *Ātman* que a tudo permeia, liberto de todos os *upādhis* – corpo, sentidos, vitalidade, mente, egotismo etc. – que são produzidos pela ignorância, como sendo *Mahākāsha* (o grande espaço).

COMENTÁRIO – O grande espaço tudo contém. É onipresente. Nele nos movemos e temos as raízes de nosso Ser. Quando transcendemos todos os impedimentos e limitações, *Ātman* brilha com toda a intensidade em seu silêncio primordial.

386 – O espaço livre de centenas de *upādhis* [limitativos], tais como os pequenos e grandes jarros de barros contendo arroz e outros grãos, é *uno* e não múltiplo. Similarmente, o puro Supremo, liberto do egotismo e do resto, é apenas Um.

COMENTÁRIO – É difícil para o ser limitado, egoísta, preso a pequenos detalhes sentir a liberdade do que está além de todos os grilhões. Quando o sentido da separatividade é perdido, nasce a consciência do *Uno*. Então, tudo é diferente, apesar de aparentemente continuar sendo o mesmo.

387 – Todos os *upādhis* (veículos) são meramente ilusórios desde *Brahmā*[101] até a um poste [ou uma simples moita de capim ou um organismo unicelular]. Deste modo, compreende que *Ātman* que a tudo permeia é sempre um e o mesmo.

COMENTÁRIO – Os veículos parecem circunscrever, limitar o Ilimitado. Desde o Criador até um simples objeto, como um humilde poste sem nome, todos são profundamente ilusórios, pois refletem apenas alguns esparsos fragmentos da Realidade.

388 – Tudo o que é imaginado através do erro como sendo diferente do Real não o é realmente na reta percepção, mas é meramente a coisa em si mesma. Quando cessa o erro, o que era antes visto como uma serpente aparece como sendo uma simples corda. Da mesma maneira o Universo na realidade é *Ātman*.

COMENTÁRIO – Na afirmativa de que o Universo na realidade é *Ātman* está contida a grande verdade que só é vista pelos que verdadeiramente estão livres dos apegos e das ilusões dos objetos dos sentidos.

389 – *Ātman* é *Brahmā*, *Ātman* é *Vishnu*, *Ātman* é *Indra*, *Ātman* é *Shiva*, *Ātman* é o todo desse Universo. Além de *Ātman* nada há.

COMENTÁRIO – *Ātman* é o Supremo. Fora dele nada existe. É a essência das coisas, o seu cerne, o mistério que está dentro das formas transitórias.

390 – *Ātman* está dentro, *Ātman* está fora. *Ātman* está antes, *Ātman* está depois. *Ātman* está no sul, *Ātman* está no norte, *Ātman* está em cima e em baixo.

COMENTÁRIO – Neste versículo enfatiza-se a onipresença de *Ātman*. Busca-se transmitir a constante influência Dele em nossas pequeninas vi-

[101] *Brahmā* é o aspecto Criador da Trindade hindu. É um aspecto passageiro de *Brahman* – que não pode ser limitado. (N.E.)

das. Quando temos a vivência Dele em todos os momentos, então, compreendemos o que Śankara quis dizer.

391 – Como a onda, espuma, turbilhão, bolhas são essencialmente água, assim também, desde o corpo até o egotismo, tudo é apenas consciência [*Chit*], a qual é felicidade pura e absoluta.

COMENTÁRIO – A felicidade pura e absoluta está por trás da separatividade e da ilusão. Ter consciência disso ilumina nitidamente toda nossa limitada vida, transformando-a completamente. Deixamos de ser pequeninos eus separados e nos transformamos, essencialmente, numa verdadeira mudança de estado.

392 – Verdadeiramente todo este Universo conhecido através da mente e da palavra é Espírito [*Brahman*]. Verdadeiramente, nada é, exceto o Espírito que se encontra além de *prakriti*. Serão as várias espécies dos jarros de barros diferentes da terra [da qual são feitos][102]? O ego corporificado, iludido pelo "vinho" de *māyā*, fala do "eu" e "tu".

COMENTÁRIO – É através da mente e da palavra que conhecemos o Universo. As limitações naturais dos veículos deformam completamente a Realidade. O que percebemos é, portanto, um pálido reflexo do Real. Algo muito, muito distante da "coisa em si" em toda sua nudez.

393 – Quando cessa a ação, permanece apenas "Aquilo". O texto sagrado (*Shruti*)[103] declara a ausência da dualidade com a finalidade de remover a concepção errônea que atribui uma coisa à outra.

COMENTÁRIO – Aquilo é a base, a Raiz de tudo. Nele temos o Ser.

[102] A diferença existe apenas no nome e na forma. (N.E.)

[103] Refere-se ao *Chāndogya Upanishad* VII, 24:1, na passagem "Onde não se vê outro, não se ouve outro, não se conhece nenhum outro, isto é o Infinito". (N.E.)

Dele nos provêm o sustento, a aspiração e o entusiasmo, a Vida. Hafiz, o místico sufi, nos incentiva: "Eleva-te acima do horizonte, oh, brava alma, e ouve a melodiosa canção proveniente dos mais altos dos Céus!"

394 – O Ser real é (em essência) o supremo *Brahman*, puro como o espaço, destituído de *vikalpa* [ilusões], ilimitado, sem movimento, sem modificação, não possui interior ou exterior, é o Um sem segundo [a única existência, o próprio Ser de si mesmo]; assim, o que mais há para conhecer?

COMENTÁRIO – *Brahman* está além e acima de tudo. Assim sendo, nada há para conhecer quando estamos Nele.

395 – O que mais pode ser dito? O *jīva* (ego), o Ser real (*svayam*), desde o átomo ao Universo, tudo é o não dual *Brahman* em diferentes formas. O *Shruti* diz: Eu (o *Logos*) sou *Parabrahman*. Aqueles, cujas mentes são assim iluminadas, tendo abandonado toda a externalidade, moram no eterno *Cidānandātman* (o *Logos* que é consciência e bem-aventurança) e assim alcançam *Brahman*. Isso é completamente certo.[104]

COMENTÁRIO – Por detrás das aparências que dividem e separam está o eterno não dual. Os que deixam de lado o externo, o acessório, o transitório moram profundamente no eterno. Essa extraordinária consciência de não ser o outro afirma-se gradativamente nos que se desapegam das coisas.

396 – Mata todos os desejos que nascem do egoísmo neste corpo físico repleto de impurezas e, logo a seguir, os que surgem no cor-

[104] Em outras traduções: "O que mais pode ser desenvolvido sobre este ponto? *Jīva* não é outro além de *Brahman*; toda a extensão deste Universo é *Brahman* em Si mesmo; os *Shrutis* apontam *Brahman* como sendo não dual; este é um fato incontestável para aqueles de mente iluminada que conhecem (estabeleceram) sua identidade com *Brahman* e que tenham renunciado à sua associação com o mundo objetivo, vivem evidentemente sempre unificados com *Brahman*, o conhecimento e a bem-aventurança eternos". (N.E.)

po astral [com maior esforço, pois o corpo sutil é como o ar]. Conheça o Ser real, cuja glória é celebrada nos *Vedas*, tenha, então, a consciência de que aí está o eterno, a própria bem-aventurança, e permaneça em *Brahman*.

COMENTÁRIO – Só depois de eliminar, ou neutralizar, todos os desejos nascidos nos diversos corpos que constituem o homem, poderemos vivenciar o Eterno. Então, a bem-aventurança, a paz que está além do conhecimento refulge em toda sua glória imaculada.

397 – Enquanto um homem está apegado à sua forma cadavérica (corpo físico), ele é impuro devido aos seus inimigos[105] e há o sofrimento associado com o nascimento, morte e doença. É somente quando ele percebe o puro *Ātman*, que é bem-aventurança e que é imóvel, que ele se torna livre deles – assim declaram os *Vedas*.

COMENTÁRIO – O percebimento do puro *Ātman* é a chave da libertação, do caminho que permite afastarmo-nos de todos os desejos e apegos. Os *Vedas*, os mais antigos textos sagrados do mundo, afirmam isso. E esta afirmativa procede do testemunho dos *Rishis*, das almas santas, que a transmitiram aos homens, dando esperança aos escravos de um dia saírem da prisão.

398 – Ao remover todos os atributos fenomênicos impostos ao Ser, o verdadeiro Ser (encontrado) é o supremo *Brahman*, [infinito] não dual e que está além de toda ação.

COMENTÁRIO – Somente depois de despojarmo-nos de todos os impedimentos, conseguiremos encontrar o eterno. Enquanto existir um apenas, estaremos presos nas malhas do vir-a-ser.

399 – Quando as funções do ser pensante estão em repouso[106]

[105] Os inimigos são as paixões: luxúria, raiva, ganância, engano, orgulho e ciúme. Sobre o tema deste aforismo veja *Brihadāranyaka Upanishad* I, 4:2 e II, 4:6 e outros *Upanishads*. (N.E.)
[106] Através do *nirvikalpa samādhi*. (N.E.)

em *Paramātman*, que é (em essência) *Parabrahman* e destituído de *vikalpa*[107], então este *vikalpa* [mundo fenomênico] não mais é percebido, torna-se meras palavras.[108]

COMENTÁRIO – Falamos sem parar, repetindo os mesmos sons comuns, ocos, vazios de qualquer sentido, produtos apenas do condicionamento e da insegurança fundamental de nossas vidas. Quando a mente é pacificada não existem mais perturbações, e aflora por detrás dela a Paz do Supremo.

400 – Como pode haver diferenças naquilo que é único, indiferenciado, informe e desprovido de qualquer distinção (*vishesa*)? Daí, qualquer distinção que exista neste Universo é uma concepção falsa.

COMENTÁRIO – Todas as distinções que nos chegam através dos diversos sentidos e mente são puras ilusões. Na vida eterna e na luz infinita, como dizem os budistas da Terra Pura, não há o eu e o tu. Apenas uma inefável presença que absorve em seu seio todas as diferenças.

401 – Onde está a diferença na substância única desprovida de condições, tal como o conhecedor, conhecimento e conhecido, indiferençável, sem forma e desprovida de diferenciação?

COMENTÁRIO – No Absoluto não há distinções, pois não existe a trindade do conhecedor, do conhecido e da coisa conhecida. Os três fundem-se em uma só Unidade. Não há mais fronteiras, nem diferenças, apenas o Um, a Luz em toda sua Plenitude.

402 – Na substância *Una*, plena como o oceano de *kalpa* (a causa supremamente sutil à qual todas as coisas retornam no *pralaya*

[107] *Vikalpa*: imaginação, ilusão, dúvida, erro, ignorância, vacilação. (N.E.)
[108] Compare com *Chāndogya Upanishad* VI, 1 :4. (N.E.)

universal), indiferençável, sem forma e desprovida de atributos, onde está a diferença?[109]

COMENTÁRIO – No todo grande Oceano sutilíssimo, iremos um dia mergulhar, pois é lá que estão as nossas raízes mais profundas. Isso ocorrerá inevitavelmente quando cessar o ciclo da manifestação e surgir a grande noite (*pralaya*). "Lá" não há qualquer diferença.

403 – Na suprema Realidade sem segundo e desprovida de distinção (*vishesa*), onde a causa da ilusão (ignorância) é destruída como as trevas pela luz, onde haverá qualquer diferença?

COMENTÁRIO – Novamente neste versículo ocorre uma variação do mesmo tema. Serve para reforçar a vivência de que de fato não há qualquer diferença quando penetramos o Absoluto.

404 – Na unidade da suprema Realidade [não dual e absoluta] como pode haver qualquer indicação de diferença? Quem poderá perceber qualquer diferença no estado de sono profundo (*sushupti*) que é meramente um estado de pura felicidade?

COMENTÁRIO – A suprema Realidade, desprovida de qualquer discriminação, onde a ignorância que é a causa da ilusão é destruída como as trevas pela luz, é o território último onde não há separação entre o sujeito e o objeto. Lá só reina a suprema felicidade. Busca interiorizar o conceito de uma unidade suprema onde não há qualquer traço de dualismo e somente uma *paz infinita* que sobrepassa todo entendimento humano. *Sushupti* é um elevado estado de consciência.

405 – Na realização da suprema Verdade, em nenhuma das três

[109] Em outras traduções: "Naquela Realidade Una que tudo permeia e que é imóvel como o oceano após a dissolução do Universo, a qual é imutável, sem forma e absoluta, como pode haver alguma diversidade?" (N.E.)

divisões do tempo (passado, presente e futuro) ocorre a manifestação do Universo no eterno Ser (*Sadātman*), pois a consciência que é (em substância) *Brahman* é desprovida de qualquer distinção ou dualidade (*vikalpa*). O mesmo ocorre quando a verdade é percebida e não há mais a serpente num simples pedaço de corda nem uma gota de água numa miragem.

COMENTÁRIO – Enquanto existir o tempo estamos presos nas malhas da ilusão. O tempo é uma sombra projetada pela grande ignorância (*avidyā*). Na realidade só existe o eterno agora, o gerundial estado de "Sendo" que só é percebido pelos que vivem no Eterno.

406 – Esta dualidade existe somente através da ilusão *(māyā)*. Na Realidade absoluta não há dualidade. Isso os *Vedas*[110] dizem claramente, e é percebido em *sushupti* [no sono sem sonhos, um elevado estado de consciência].

COMENTÁRIO – Somente quando atingirmos o mais elevado estado de consciência será possível perceber aquilo de onde nunca nos afastamos. Enquanto isso não ocorre ficamos presos nas fantasmagóricas e incessantes mutações do mundo de vir-a-ser (*samsāra*).

407 – A identidade entre aquilo que é atribuído à substância e a própria substância tem sido percebida pelos sábios, semelhante ao caso da corda com a serpente. A distinção é mantida viva pelo erro.

COMENTÁRIO – Novamente Śankara recorre à imagem da corda que é percebida erroneamente como sendo uma serpente. É a ignorância (o erro) que faz com que não percebamos a verdade.

408 – Esta distinção tem sua raiz no princípio pensante. Sem esse

---

[110] Refere-se, por exemplo, às seguintes passagens dos *Upanishads*: *Katha* II, 2:11 e IV, 11; *Brihadāranyaka* II, 4:14; *Mundaka* II, 2:11; *Chāndogya* IV, 14; *Māndukya* I, 1 etc. (N.E.)

princípio pensante ela não existe. Para que ela termine, faze com que o princípio pensante repouse no supremo *Paramātman*[111] (que é o *Logos*).

COMENTÁRIO – O princípio pensante faz com que dividamos em dois o que é um. Daí nasce o eu e o tu, isto e outro e toda uma sequência de erros que deformam completamente a percepção do Real. O condicionamento, o hábito, a rotina faz com que continuemos presos ao ciclo do vir-a-ser. Só quando o princípio pensante repousar no Supremo, diz o versículo, ocorrerá a fusão da criatura com o Criador.

409 – O homem sábio em *samādhi* percebe no seu coração aquele "algo" que é eterno conhecimento, pura bem-aventurança, incomparável, eternamente livre, sem ação, tão ilimitado como o espaço, imaculado, sem distinção entre o objeto e sujeito, e que é (em essência) *Brahman* que a tudo permeia.

COMENTÁRIO – Há uma enorme diferença entre o ser humano comum e condicionado e o sábio. Mas podemos ter a certeza de que o sábio existe em potencial no nosso interior e um dia irá despertar. Então tudo será diferente, pois nos parecerá iluminado por dentro. E todas as coisas visíveis ou invisíveis desaparecerão na grande Unidade. E só a paz terá lugar.

410 – O homem sábio em *samādhi* percebe em seu coração "Aquilo" que é destituído de *prakriti* e suas modificações [os conceitos de causa e efeito], cujo estado ou ser está além da nossa limitada concepção, e que é uniforme, inigualável, além do nó [verificações] da mente (*manas*), estabelecido pela declaração dos *Vedas*, e conhecido como o eterno *Logos*[112], e que é (em essência) *Brahman* que a tudo permeia.

---

[111] Em outras traduções: "...tua essência interior subjetiva". (N.E.)

[112] Em outras traduções esta expressão é: "arraigado sempre em nós como o ego", no sentido de que ninguém pode conceber-se como inexistente. Refere-se ao texto *Brahma Sūtras* I, 1:2. (N.E.)

COMENTÁRIO – Aquilo, Deus, *Brahman*, ou o nome que quiserem dar, está em nós e em todas as coisas. É a densificação de nossos sentidos que não permitem que o vejamos. É, como diz Śankara, o "nó" da mente que impede a percepção do Real. O homem sábio que apazigou os seus sentidos e libertou sua mente das malhas do condicionado poderá penetrar na essência da Realidade e vivenciá-la plenamente em pensamentos, palavras e ações.

411 – O homem sábio em *samādhi* percebe em seu coração a perene e imortal substância, [a Entidade positiva] que não é indicada pela mera negação, [como um plácido oceano] que é sem nome, onde a atividade das *gunas* (qualidades da matéria) cessa,[113] eterna, pacífica e Una.

COMENTÁRIO – Só o sábio, com seus sentidos e mente pacificados, sem desejos, sem julgamentos, poderá, na culminância da sua percepção exaltada (*samādhi*), perceber Aquilo que está por trás de todas as coisas e as sustém com seu Amor.

412 – Tendo trazido o *antahkarana* (mente) ao repouso, no seu verdadeiro Ser poderás percebê-Lo, Aquele cuja glória é indestrutível. Com ativos esforços corta a rede que te escraviza à existência condicionada e torna frutífera a tua essencialidade.[114]

COMENTÁRIO – Novamente somos impelidos a pôr um fim ao nosso condicionamento, a romper a rede que nos tolhe e impede a percepção do Real, que é obtida ao atingirmos a culminância da nossa consciência (*samādhi*), a percepção do Real.

[113] Em outras traduções: "na qual não há méritos nem deméritos". (N.E.)

[114] Em outras traduções: "Com a mente (*antahkarana*) controlada em *samādhi*, vê em teu Ser o *Ātman* de imperecível esplendor, põe fim à escravidão fortalecida pelas impressões de teus nascimentos anteriores, e esforça-te cuidadosamente para alcançar *Moksha*, a consumação de teu nascimento como ser humano". (N.E.)

413 – Medita em *Ātman* que existe em ti, liberto de todos os envoltórios (*upādhis*), a não dual existência, consciência e bem-aventurança [*Sat, Chit, Ananda*], e não mais estarás sujeito à evolução [à roda de nascimento e morte].

COMENTÁRIO – Enquanto estivermos presos nas malhas do vir-a-ser (do tempo) somos escravos do processo da evolução que nos leva por um tortuoso caminho de dores e espinhos, com eventuais momentos de felicidade, a esgotar no percurso o *karma* acumulado. Então, algum dia, num longínquo amanhã, poderemos nos libertar do processo e atingir a culminância da libertação. Neste texto Śankara revela-nos que é possível aqui e agora essa emancipação das malhas implacáveis do tempo, alcançando a plenitude do Ser instantaneamente. Para isso temos que cumprir todas as condições que ele nos estabelece.

414 – O *Mahātmā*, tendo abandonado o corpo visível como se fosse um cadáver – o corpo que [conserva uma aparência visível e] experimenta os efeitos do *karma*, é considerado como a sombra refletida do homem – não mais fixa os seus pensamentos sobre esse corpo.

COMENTÁRIO – O abandono do corpo não significa que devemos maltratá-lo, desprezá-lo, e sim elevar a consciência acima das limitações advindas dos sentidos corporais sintonizando essa consciência no Supremo onde está o nosso verdadeiro Ser.

415 – Tendo-se aproximado do *Logos* [*Ātman*] que é eterno, puro conhecimento e bem-aventurança, abandona esse corpo (*upādhi*) que é impuro. Então devemos evitar repensar no que já passou; a recordação do que foi expelido só pode nos trazer desgosto.

COMENTÁRIO – O nosso corpo é impuro, pois é constituído de matéria grosseira, produto do *karma* acumulado sob a forma de pensamentos, palavras e ações. À medida que nos aproximamos do Absoluto, temos que deixar de lado, em paz, o grosseiro e não mais ficar remoendo o passado com toda a sua carga emocional que nos escraviza e limita.

416 – O grande homem sábio, tendo queimado tudo isso (o que é objetivo, inferior, ilusório) pelas raízes no fogo do Ser eterno, que em essência é *Brahman* não dual, permanece no *Logos* [*Ātman*] que é eterno, puro conhecimento e bem-aventurança.

COMENTÁRIO – É necessário, indispensável, "queimar até as raízes" tudo o que nos prende ao temporal para que nos tornemos num homem sábio. Só então nasce o ser liberto, puro, incontaminado como o lótus pelas águas do pântano.

417 – O conhecedor da Verdade, cujo ser está sendo (gradualmente) absorvido em *Brahman*, que é bem-aventurança, não mais olha para o corpo, preso ainda no cordão das possibilidades latentes do *karma* que se tornam dinâmicas (*prārabdha karma*), e tão impuro como o sangue de uma vaca – quer o corpo permaneça ou desapareça.[115]

COMENTÁRIO – À medida que progredimos na direção da libertação, os nossos corpos vão sendo gradualmente absorvidos no Absoluto. Vão sendo aos poucos impregnados pela essência sutil daquilo onde está o seu verdadeiro Ser. Então vai raiando a nova aurora prenunciando um radiante dia.

418 – Tendo percebido o *Logos*, que é indestrutível e bem-aventurança, como sendo o Ser real, com que finalidade e para que o conhecedor da Verdade nutre[116] o seu corpo?

[115] Em outras traduções: "Este corpo é tecido pela fibra de *prārabdha karma*, e ao conhecedor da Verdade não importa se este perece ou permanece,...pois suas funções mentais repousam em *Brahman*, a essência da bem-aventurança". Tal sábio conduz seu corpo como se este fosse a guirlanda que uma vaca leva em seu pescoço, indiferente. (N.E.)

[116] No sentido de querer um novo corpo ou importar-se com ele como faz o homem comum. Veja-se *Brihadāranyaka Upanishad* IV, 4:12. (N.E.)

COMENTÁRIO – O conhecedor da Verdade não pode, nem deve, deixar de cuidar do seu corpo físico, nem dos sutis, pois é através deles que milhões de seres poderão ser beneficiados por pensamentos, palavras e ações. Isso constitui o chamado *yoga* dos três segredos. A compaixão, o infinito amor por todas as coisas deverá fluir incessantemente, beneficiando como a luz do Sol a todos os seres.

419 – O ganho do *yogi*, que atingiu a perfeição [e a liberação em vida], é desfrutar da bem-aventurança perpétua em *Ātman* [tanto interna como externamente].

COMENTÁRIO – Quando alguém atinge esse estágio de perfeição é constante o estado de bem-aventurança, de satisfação ininterrupta que se transmite em todas as direções, beneficiando todos os que estão presos nas malhas da ilusão.

420 – O resultado da ausência de paixão [*vairāgya*] é a reta percepção [*boddha*]. Da reta percepção nasce a abstenção dos prazeres dos sentidos e atos cerimoniais. A paz que vem da Realização do Verdadeiro é o fruto da abstenção dos atos cerimoniais e dos prazeres dos sentidos [*uparati*].

COMENTÁRIO – A percepção correta é a chave do processo que nos levará à iluminação, à integração em *Brahman*, ao mergulho no eterno. Perceber corretamente é ver na essência, penetrar fundo na realidade ilusória. Quando isso ocorre, está aberto o caminho que nos leva à bem-aventurança. Então o eu separado se funde com o Todo e tudo o que é transitório desaparece. Só existe o eterno agora.

421 – A ausência dos estágios sucessivos torna infrutífero o que precede. A libertação é a perfeita satisfação, procedendo da bem-aventurança sem paralelos que vem do Ser.[117]

---

[117]Em outras traduções, esta segunda afirmação do aforismo é como segue: "(Quando a série é

COMENTÁRIO – Das raízes profundas do Ser nasce a bem-aventurança. Para que ela ocorra é indispensável que as corretas etapas sejam cumpridas. Enquanto houver a presença da ignorância, nascida do mecanismo impiedoso do condicionamento, essa paz não poderá eclodir.

422 – O fruto da sabedoria é declarado como sendo a liberdade da ansiedade que nasce quando temos a visão do problema. Como pode um ser humano dotado com o reto discernimento praticar atos indignos que cometia quando estava iludido?

COMENTÁRIO – A nuvem da ignorância é densa, viscosa e prende os homens assim como a teia de aranha prende as moscas. A visão correta nasce da plena atenção diante da mutável realidade que nos cerca. Quando ela ocorre acontece o despertar do que estava profundamente adormecido. E com ele nasce um maravilhoso mundo novo.

423 – Percebe-se que o fruto da sabedoria é a libertação da natureza inferior (*prakriti*). Se esta diferença não é percebida entre o ignorante e o sábio, assim como numa miragem etc., onde podemos ver qualquer ganho para o sábio?[118]

COMENTÁRIO – A libertação da natureza inferior terá que ser alcançada para que possamos almejar o mergulho no Eterno. Enquanto estivermos presos ao condicionado, não teremos qualquer esperança de obter a visão de uma nova realidade onde não existe mais o eu e o tu, onde a presença do Eterno será uma constante.

424 – Se o nó da ignorância no coração é inteiramente destruído, como podem os objetos em si mesmos serem a causa do apego

---

perfeita) naturalmente segue-se, uma a outra, a cessação do mundo objetivo, a suprema satisfação e incomparável felicidade". (N.E.)

[118] Em outras traduções: "Apartar-se das coisas irreais deveria ser o resultado do conhecimento, enquanto o apego ao irreal é fruto de *avidyā*. Isso se observa como no caso de alguém que reconhece uma miragem, enquanto que outro não. Portanto, que resultado palpável é obtido pelo conhecedor de *Brahman*"? (N.E.)

[ações egoístas] em relação àquele que é sem desejos?

COMENTÁRIO – A expressão "nó" da ignorância no coração expressa, simbolicamente, a estreita malha de "fios" que se entrelaçam e dificultam a percepção do Real. Enquanto não for cortada subitamente pela espada flamejante da sabedoria, estaremos presos ao sofrimento do vir-a-ser.

425 – O limite extremo do desapaixonamento [*vairāgya*] é o não aparecimento das inclinações conscientes em direção aos objetos de prazer. A ausência da evolução do egoísmo é o supremo limite que caracteriza o reto discernimento [*viveka*]. O extremo limite da paz e tranquilidade (*uparati*) é a ausência da evolução do ser autoconsciente quando absorvido no *Logos*.[119]

COMENTÁRIO – Temos que nos tornar desapaixonados em relação aos objetos que nos atraem e evitar queimar, como a mariposa na chama. Quando esse desprendimento ocorre, o egoísmo esvanece como uma sombra banhada pela luz, e o processo da evolução que nos faz sofrer à medida que o *karma* vai sendo consumido cessa, pois nada há a atingir.

426 – Aquele que nesta Terra é feliz e digno de honra e que sempre repousa em paz no seio de *Brahman*, está liberado da consciência externa em relação aos objetos de prazer experimentados pelos outros. Isso se dá de forma semelhante ao que ocorre com uma criança adormecida ao olhar para o Universo como sendo um mundo percebido num sonho. Em certos momentos, recobra a consciência e experimenta os frutos de uma infinidade de ações meritórias. [É raro encontrar tal homem; somente ele é bendito e reverenciado por todos na Terra].

---

[119] Em outras traduções, a última frase: "O limite do autorretraimento (ou recolhimento interior – *uparati*) – é alcançado quando as funções mentais foram submergidas e não aparecem mais". (N.E.)

COMENTÁRIO – Quando nos libertamos dos laços que nos unem aos objetos e nada mais nos atrai, atingimos a libertação. A Paz de *Brahman* (Deus) nos inunda. É Paz indizível e imensa que nos possui e faz emudecer, pois não há palavras que descrevam esse estado. Tudo subitamente é.

427 – Este asceta, firme em sabedoria, livre das mudanças de condições, sem ação, usufrui a perpétua bem-aventurança, seu *Ātman* (Espírito), sendo absorvido em *Brahman.*[120]

COMENTÁRIO – No momento em que aflora a centelha, cessam o sujeito e o objeto. O eu e o tu fundem-se. Não há mais o outro. Os limites desaparecem, pois há uma continuidade entre todas as coisas. Só a presença de uma Paz infinita está presente.

428 – *Prajñā* ou sabedoria é dita ser aquele estado de idealização que não reconhece a distinção entre o eu e o não-eu, e que é absorvida na unidade manifestada de *Brahman* e *Ātman.*[121]

COMENTÁRIO – Aquilo é sem limites, nem horizontes, infindável, e perpétua presença de uma bem-aventurança. Ele surge quando a unidade de Deus (*Brahman*) e do Espírito (*Ātman*) ocorre plenamente. A luz e as trevas não mais existem no seio supremo da bem-aventurança.

429 – Ele, o que está perfeitamente em repouso (em sua sabedoria), diz-se ser firme em sabedoria. Aquele que é firme em sabedoria, cuja bem-aventurança é ininterrupta e no qual o Universo objetivo é completamente esquecido, é considerado como sendo um *jīvanmukta.*

---

[120] Nos próximos versos Śankara apresenta as características de um homem Perfeito, de imperturbável sabedoria. Compare com *Bhagavad-Gitā*, capítulo II, aforismos n° 55 ao 72. Editora Teosófica, 2011 (N.E.)

[121] Em outras traduções: "A classe de atividade mental que admite apenas a identidade de *Ātman* (Ser) e *Brahman*, livre de todas as modificações e destituída de dualidade e que concerne apenas à Inteligência pura é chamada "Iluminação". Aquele que tem esta imperturbável perfeição é conhecido como um homem de imperturbável sabedoria (*shita prajñā*)". (N.E.)

COMENTÁRIO – O Universo objetivo é o que nos é revelado através da limitação dos nossos sentidos. Este é apenas um fragmento da realidade, pois todas as coisas visíveis ou invisíveis têm uma percepção limitada que é fruto do sistema de referências de cada um deles. Quando atingimos a posição de um *jīvanmukta* (ser liberto da ignorância), esse Universo objetivo, individual e limitado é esquecido (transcendido).

430 – Ele é considerado como um *jīvanmukta* quando, embora tendo sua consciência absorvida (no *Logos*), está desperto, ainda que desprovido de todas as características do despertar, cuja consciência está liberta mesmo dos traços inconscientes do desejo.

COMENTÁRIO – O ser que alcançou a libertação está verdadeiramente desperto. Longe dele, os sonhos, os devaneios, mesmo os procedentes do mais profundo do inconsciente. Nele brilha a "Joia Suprema da Sabedoria".

431 – E considerado como sendo um *jīvanmukta*, em quem todas as tendências para a evolução cessaram, aquele que, embora possuidor de *kalā* (um raio do *Logos*), é ainda destituído dele (do ponto de vista de *Brahman*), no qual o princípio pensante está destituído de pensamento.[122]

COMENTÁRIO – O *jīvanmukta* atingiu um estágio onde a tendência à evolução já não se manifesta, mas ainda não alcançou o ponto de fusão com *Brahman*. Entretanto nele os pensamentos já pararam de agir.

432 – Embora existindo neste corpo que é como se fosse uma sombra, o *jīvanmukta* é desprovido de egoísmo e do sentido de eu. Essa é a sua característica.

---

[122] Em outras traduções: "Aquele cujo interesse pelos fenômenos mundanos tenha sido tranquilizado, que, embora possuidor de um corpo constituído de partes é contudo destituído de partes, e cuja mente é livre de ansiedade, este é considerado um *jīvanmukta* (liberado em vida)". (N.E.)

COMENTÁRIO – O *jīvanmukta* está no limiar da libertação total. Está na condição do *Bodhisattva* – o que um dia virá a se tornar num Buda (o ser plenamente desperto). Nele já brilha a sabedoria (*prajñā*) e a compaixão (*karuna*) por todos os seres visíveis e invisíveis.

433 – Falta de interesse no passado, ausência de especulação acerca do futuro e indiferença ao presente são características do *jīvanmukta*.

COMENTÁRIO – O passado não volta mais e nada ganhamos em ficar presos a ele. O futuro ainda virá e está envolvido em surpresas que não adianta especular. Só o eterno Agora que está por trás do presente existe. Nele mora a bem-aventurança. Vivenciar isso já é uma especulação do que verdadeiramente É.

434 – O *jīvanmukta* é, por natureza (procedente de uma disposição natural adquirida), alguém que considera iguais todas as coisas repletas de qualidades boas e más, neste mundo de opostos.

COMENTÁRIO – A natureza de considerar as coisas acima das classificações dualistas é um traço do *jīvanmukta*. Ele é por excelência um harmonizador que procura com a sua natural disposição neutralizar os embates dos opostos. Ele atua poderosamente em todos os planos da consciência para apaziguar os conflitos individuais ou coletivos. Ele é, do ponto de vista da ecologia mental, uma poderosa estação de tratamento atuante no inconsciente coletivo.

435 – A característica do *jīvanmukta*, ao encontrar objetos agradáveis ou desagradáveis, é considerá-los como iguais em relação a si mesmo e não sentir qualquer perturbação.

COMENTÁRIO – Todas as coisas são o que são. Em sua natureza última não são nem boas nem más. São apenas os reflexos do *karma* e como tais devem ser consideradas. O *jīvanmukta* suporta sem protesto o que lhe acontece.

436 – É característica do *jīvanmukta* a ausência da percepção externa e interna em virtude da consciência no asceta [*sannyāsin*] estar centrada na plenitude da bem-aventurança de *Brahman*.

COMENTÁRIO – Quando a consciência está mergulhada no gozo da bem-aventurança, desaparece qualquer traço de percepção externa ou interna. Só a presença do Supremo se manifesta. Tudo mais inexiste.

437 – Possui a característica do *jīvanmukta* aquele que está livre do egoísmo e do sentido do "meu" em tudo que diz respeito ao corpo, sentidos etc. [e também aos seus deveres].

COMENTÁRIO – O egoísmo é uma nuvem que se interpõe entre a criatura e o Criador. A ideia de que somos o centro do mundo em função do qual todas as coisas gravitam deve desaparecer, pois o centro de todas as coisas está em todas as partes. O egoísta, cego na sua visão estreita da realidade, não pode perceber tal fato.

438 – Possui as características de um *jīvanmukta* aquele que realizou a identidade de *Ātman* com *Brahman* graças ao poder da sabedoria dos *Vedas*[123] e que está livre da escravidão da existência condicionada [transmigração].

COMENTÁRIO – Quando *Ātman* (o Espírito) funde-se com *Brahman*, o indivíduo deixa de ser alguém que está preso ao condicionamento de uma existência puramente mecânica e repetitiva e passa a ser um *jīvanmukta*.

439 – É considerado um *jīvanmukta* aquele em quem nunca surge a consciência do eu em relação ao seu corpo e órgãos e "disto" em relação aos demais outros sujeitos.

COMENTÁRIO – O "eu", o "isto" ou "aquilo" não são mais percebidos

[123] Através do discernimento sobre a Verdade inculcado pelas Escrituras. (N.E.)

pelo ser que se tornou num *jīvanmukta*. Só a consciência do Todo se afirma na Eternidade onde ele vive.

440 – Possui a característica de um *jīvanmukta* aquele que devido à sabedoria conhece que não há diferença entre *Brahman* e o Universo, nem entre *Pratyagātman*[124] (o *Logos*) e *Brahman*.

COMENTÁRIO – Quando a consciência suprema é revelada não há mais diferenças, e sim a certeza de que o Espírito no homem (*Ātman*) está desde todo o sempre unido ao Universal (*Brahman*).

441 – Possui a característica de um *jīvanmukta* aquele que é o mesmo, quer seja cultuado pelos bons ou vilipendiado pelos maus.

COMENTÁRIO – O *jīvanmukta* está acima das louvações ou das críticas. Nada mais o atinge, pois a sua consciência está sintonizada no plano cósmico onde não há mais diferenciações.

442 – O asceta em cuja consciência entram e se fundem os objetos chamados à existência por *parā* (luz do *Logos*) – assim como os rios fluem para o oceano – é liberado devido ao fato de não ser nada além de *Sat* (por causa de *Parabrahman*) e portanto não produzir mais nenhuma mudança.[125]

COMENTÁRIO – É a luz que procede do *Logos* (Deus manifestado) que produz a percepção dos outros na nossa consciência graças aos nossos sentidos. Quando se dá a fusão da consciência individual com a cósmica, não há mais qualquer separatividade, só a presença de uma inefável bem-aventurança.

---

[124] Outras traduções utilizam aqui o termo *jīva*. (N.E.)

[125] Em outras traduções: "O *sannyāsin* verdadeiramente liberado é aquele em quem os objetos sensórios dirigidos por outros são acolhidos como rios que fluem para o oceano não produzindo nenhuma mudança, devido à sua identidade (ou absorção) com a Existência absoluta". (N.E.)

443 – Para aquele que conquistou o verdadeiro conhecimento de *Brahman* não há mais a evolução [expansão ou apego aos objetos dos sentidos] que antes havia. Se houver, então o estado de *Brahman* não é conhecido, ele está fora disso [seus sentidos ainda têm tendências à exteriorização].

COMENTÁRIO – Enquanto o indivíduo estiver sendo impulsionado pela força do *karma* acumulado ainda estará preso nas malhas do vir-a-ser. Quando conseguir se libertar do apego à evolução que o impele para baixo e para cima, preso ainda pelo espaço e tempo, a fusão com *Brahman* (Deus) poderá ocorrer.

444 – Se for dito que ele evolui através da força das impressões prévias que permanecem inconscientemente devido ao *karma* passado (*vāsanās*) – isso não é assim. Essas *vāsanās* (impressões prévias) tornam-se sem poder quando ocorre a realização da identidade com a Realidade.

COMENTÁRIO – Quando o ser se funde com o Absoluto, o *karma* deixa de atuar. O glorioso final que está à espera de todos os seres visíveis ou invisíveis terá sido alcançado.

445 – Assim como a tendência à luxúria cessa num homem quando ele está na presença de sua mãe, a força do *karma* (*vāsanā*) cessa num sábio quando ele conhece a perfeita bem-aventurança de *Brahman*.

COMENTÁRIO – O *karma* é destruído quando conhecemos a perfeita bem-aventurança que advém de *Brahman*. Então não há mais tempo, nem espaço, nem sofrimento. Só uma profunda felicidade nos inunda e tudo o mais cessa. Para os seres comuns essa percepção poderá ocorrer instantaneamente e logo se dissipará quando a natureza inferior voltar a se manifestar. Esses raros momentos de bem-aventurança alterarão substancialmente a criatura e acelerarão o instante em que a total fusão com o

Absoluto se dará de forma permanente.

446 – Os *Vedas*[126] dizem que, mesmo aquele que estiver entregue a uma profunda meditação, está sujeito à dependência dos objetos externos devido aos resultados do [*prāāhabdha*] *karma* que está em operação.

COMENTÁRIO – É muito difícil, durante a prática da meditação, libertar a mente dos objetos externos e internos (pensamentos). Eles são como moscas a voar e pousar naquele que medita, perturbando a sua concentração. Uma das técnicas a ser adotada (e há várias) é manter-se imperturbável na posição física escolhida e ficar plenamente atento aos pensamentos sem se fixar neles. Observá-los como quem olha as águas de um rio que constantemente corre diante de nós. Esse não apego às sensações físicas, emocionais e mentais gradualmente irá minimizar a sua ação sobre nós, conseguindo desta forma neutralizar o seu efeito perturbador.

447 – Enquanto houver a percepção de dor e prazer, o *prārabdha karma* existirá. Esses resultados são precedidos pelo *karma,* e para aquele desprovido de *karma* eles não existirão.

COMENTÁRIO – Quando ocorrer a libertação (*satori, samādhi*, êxtase) cessará por completo qualquer percepção oriunda dos diversos corpos que compõem as criaturas.

448 – Pelo conhecimento de que Eu (o *Logos*) sou *Brahman*, o *karma* adquirido em bilhões de anos é extinto, assim como ocorre com as ações vividas num sonho quando acordamos.

COMENTÁRIO – No instante em que o Eu (*Ātman*) se funde com *Brahman* (Deus), o *karma* é dissolvido instantaneamente. A força que nos impele há bilhões de anos (evolução) cessa de imediato, pois o objetivo

[126] Referência ao *Chāndogya Upanishad* VI, 14:2. (N.E.)

final foi alcançado.

449 – O que quer que seja feito, bom ou mau, em sonhos, de nada adianta para nos levar para o céu ou o inferno quando o sonhador desperta.

COMENTÁRIO – Poucos são aqueles que estão verdadeiramente despertos. O estado de vigília para a maioria dos seres nada mais é do que um sonho, pois apesar de nos movimentarmos, agirmos e falarmos, o fazemos de forma puramente repetitiva. Estar acordado é viver na plenitude da plena atenção. A nossa vida de vigília é verdadeiramente um sonho; tudo de bom ou de mal que fizermos só irá intensificar a força da evolução que é produto do *karma* individual ou coletivo. Somente "acordaremos" de fato quando se der a fusão de *Ātman* com *Brahman,* a bem-aventurança do Ser além do espaço e do tempo.

450 – Tendo realizado seu real Ser, que é sem apego e indiferente (às preocupações mundanas) como o espaço, ele não mais se torna unido com coisa alguma pela força de seu futuro *karma* [ações].

COMENTÁRIO – Quando se dá a comunhão da criatura com o Criador, cessa completamente a força do *karma.* A evolução é transcendida, pois a meta final foi atingida.

451 – Assim como o espaço não é afetado pela forma ou odor, assim *Ātman* permanece sem ser afetado pela conexão com *upādhi* e suas funções.

COMENTÁRIO – *Ātman*, Mônada, Espírito, Centelha divina não é de forma alguma afetado pelos diversos corpos que o envolvem. Seu nível de sutilização é muito superior ao desses corpos. Brilha como o Sol que envia a sua luz para todos os quadrantes sem se preocupar com isso.

452 – O *karma* contraído antes de alcançarmos o conhecimento não é desfeito pelo próprio conhecimento sem produzir o seu

efeito, assim como uma flecha bem dirigida irá inevitavelmente para um alvo.

COMENTÁRIO – O conhecimento verdadeiro só ocorre quando a Realidade é desnudada e revelada em sua essência. O *karma* desencadeado antes que ocorra o verdadeiro conhecimento deve ser gasto. Esse *karma* cessa de ser produzido quando se dá a fusão *Ātman-Brahman*.

453 – Uma seta descarregada naquilo que parece ser um tigre não para quando percebe que o objeto é uma vaca, mas rapidamente transfixa o objeto que lhe serviu de alvo.

COMENTÁRIO – Este versículo é uma variação do anterior. O *karma* em movimento tem que ser cumprido, desde que ele decorreu de uma visão incorreta. Quando o conhecimento verdadeiro acontece, é tarde para extinguir o que já estava desencadeado.

454 – *Prārabdha* (*karma* já contraído numa prévia encarnação) é muito poderoso. No sábio ele é exaurido [experienciado seus frutos] com uma alegre paciência. O *karma* contraído durante a presente encarnação (*samcita*) e o *karma* futuro (*āgāmi*) são destruídos pelo fogo do perfeito conhecimento. Aqueles que realizaram a identidade de *Ātman* com *Brahman* sempre permanecem nessa união e nunca são afetados pelas três espécies de *karma* (*prārabdha, samcita* e *āgāmi*), pois eles tornaram-se *Brahman* sem atributos.

COMENTÁRIO – Quando ocorre a união com *Brahman*, os três *karmas* cessam completamente, e o indivíduo está completamente liberto da escravidão ao tempo e espaço. Apesar de muitas vezes continuar ainda vivendo no plano físico já não é mais por ele contaminado.

455 – Para o asceta que é desprovido da influência do *upādhi*

(corpos) e suas funções e que mora somente em *Ātman* realizando sua identidade com *Brahman*, o *karma* resultante de encarnações anteriores (*prārabdha*) não existe nem em nome, e é como os objetos de um sonho para aquele que está desperto.

COMENTÁRIO – O asceta que vive constantemente autocentrado em *Ātman* é imune às influências do passado.

456 – O homem sábio não faz tais distinções como "eu", "meu", "isto", com respeito a este corpo ilusório e ao mundo ao qual ele pertence [o sonho], mas permanece sempre desperto (consciente de seu próprio Ser).

COMENTÁRIO – Para o sábio não há mais distinções, pois ele vive mergulhado no eterno. As separações cessam completamente. Só o Uno vive em sua plenitude.

457 – Nele não há desejo para o fortalecimento dos objetos ilusórios, nem ele percebe qualquer vantagem neste mundo [de sonho]. Se ele ainda persegue objetos ilusórios, certamente não poderá ser considerado como tendo despertado do sono da ignorância [segue sonhando].

COMENTÁRIO – Nesta época repleta de pretensos gurus que se denominam de iluminados e que tentam impor a sua autoridade aos seus seguidores, é importante examinar como eles vivem e os objetos que possuem. O ser profundamente iluminado nada anseia e vive com muito pouco, pois transcendeu os limites da personalidade.

458 – De maneira semelhante, aquele que mora no eterno *Ātman*, e assim em *Parabrahman*, nada mais 'vê'. O alimentar-se, o dormir etc. são para o homem sábio como se fossem objetos vistos num sonho.

COMENTÁRIO – O asceta identificado com *Brahman* vive na plenitude da bem-aventurança e chega a esquecer-se, até mesmo, das funções normais que vigoram no homem comum, tendo os seus discípulos de cuidar de sua sobrevivência enquanto viver no plano físico.

459 – O corpo é criado pelo *karma*. Considere *prārabdha* (*karma* decorrente de encarnações passadas) como pertencendo ao corpo. Esse *prārabdha* não pode ser atribuído ao *Ātman* que é sem começo.[127] *Ātman* não é criado pelo *karma*.

COMENTÁRIO – Os nossos corpos são o produto do *karma*. Quer sejam os procedentes do passado, do presente ou do futuro. *Ātman* é como o Sol em relação aos planetas. É Ele que os mantém em órbita e infunde-lhes vida. Não é, entretanto, por eles influenciado.

460 – O corretíssimo texto[128] do *Shruti* diz: "(*Ātman*) não é nascido, é indestrutível e eterno". Como pode *prārabdha* existir naquele que mora em *Ātman*?

COMENTÁRIO – O asceta, o sábio que penetrou nas camadas do seu ser e atingiu o seu centro (*Ātman*) está completamente fora da ação do *karma*.

461 – Enquanto existir a noção de que o corpo é o ser, *prārabdha* existe. [Mas ninguém admite que um homem realizado identifique sempre a si mesmo com o corpo]. Quando essa noção deixa de existir, *prārabdha* é abandonado. Mesmo a noção de que *prārabdha* pertence ao corpo é ilusória.[129]

COMENTÁRIO – É a ilusória noção de que o *karma* decorrente das encarnações passadas constitui o ser (essência da existência) que nos es-

[127] Compare com *Bhagavad-Gītā* II, 20. Editora Teosófica, 2011 (N.E.)
[128] Refere-se ao *Katha Upanishad* I, 2:18. (N.E.)
[129] Em outras traduções, esta última frase é a primeira do próximo aforismo. (N.E.)

craviza. Há, na verdade, uma grande diferença entre o ser (essência da existência, foco da consciência) e o corpo.

462 – Onde está a realidade das coisas e onde está a origem da irrealidade? Onde está, então, a destruição daquilo que não nasceu? Onde esta *prārabdha* do que é irreal?[130]

COMENTÁRIO – Nesta série de perguntas contidas no versículo anterior estão contidas dúvidas nascidas da mente dos seres humanos comuns e que estão ainda presos no inexorável ciclo do vir-a-ser.

463/464 – Se os efeitos da ignorância são completamente destruídos pelo conhecimento, como pode existir este corpo? Para esclarecer essa dúvida das pessoas ignorantes, o texto sagrado (*Shruti*) fala de *prārabdha* de um ponto de vista externo, mas não para ensinar a realidade do corpo para o sábio.

COMENTÁRIO – O homem que atingiu a fusão com *Brahman* vive na bem-aventurança. Esse estado de plenitude permeia todos os seus corpos (físico e sutis). Essa plenitude, chamada com nomes diversos nas inúmeras tradições, não é constante, tendo em vista o homem sábio ainda estar preso à vida nos planos grosseiros. Ele passa, entretanto, a viver em dois mundos diferentes e suas mensagens procuram transmitir os ecos do mundo sutilíssimo que ele conscientizou.

465 – *Brahman* a tudo permeia, sem começo e sem fim, imensurável, imutável, o único, não dual, e nenhuma diferenciação lá existe.

COMENTÁRIO – O versículo anterior não necessita comentário. Na

[130] Em outras traduções: "A atribuição de *prāhabdha* mesmo ao corpo é uma ilusão. Como pode algo que é sobreposto ter alguma existência? Como pode isto que é irreal ter nascido? E isto que é não nascido, como pode morrer? Assim, como podem as funções de *prāhabdha* existirem para alguma coisa que é irreal?" (N.E.)

sua linguagem telegráfica tudo já foi dito.

466 – *Brahman* é eterno, existência absoluta [*Sat*], consciência absoluta [*Chit*], bem-aventurança absoluta [*Ananda*], sem ação, o único, não dual. Nele não existe qualquer diferenciação.

COMENTÁRIO – É impossível descrever por palavras Aquilo que É. A sua presença é constante em todos os locais. Tudo está contido no seu seio.

467 – *Brahman* é uniforme, bem-aventurança pura, a tudo envolvendo, sem fim, o único, não dual. Nele não existe qualquer diferenciação.[131]

COMENTÁRIO – Este versículo é uma variação em torno do tema tratado. A característica repetitiva é típica do ensinamento oral. A repetição visa quebrar o condicionamento característico do homem comum.

468 – *Brahman* não pode ser abandonado, nem aprisionado e nem aceito, Ele é independente [não tem nenhum suporte], o único, não dual. Nele não existe qualquer diferenciação.

469 – *Brahman* é sem atributos, indivisível, sutil, não condicionado, imaculado, o único, não dual e, portanto, nele não há qualquer diferença.

COMENTÁRIO – No seio de Deus não há diferenças. Nele todas as coisas têm o seu ser. Conhecê-Lo é a aspiração de todos os que começaram a despertar do mecanismo do *karma* e sentem que há algo acima dos conflitos que caracterizam a vida comum.

[131] Em outras traduções: "Há apenas *Brahman*, o Um sem segundo, o qual é imanente em tudo, homogêneo (ou invariável), infinito, e que a tudo permeia; n'Ele não há dualidade alguma". O início e o final deste aforismo repetem-se, desta mesma maneira, nos aforismos de n° 465 a 471. (N.E.)

470 – *Brahman*, cuja forma é indescritível, é incompreensível para a palavra e a mente, é o único, não dual; Nele não há qualquer diferenciação.

COMENTÁRIO – Os hindus costumam dizer *neti-neti* – não é isso, não é isso – quando se referem Àquilo que está acima das palavras e da mente.

471 – *Brahman* é a Verdade perfeita, Sabedoria autoexistente, puro, incomparável, o único, não dual. Nele nenhuma diferenciação existe.[132]

COMENTÁRIO – Em todos os versículos anteriores, a tônica é a mesma. Eles são repetitivos a fim de serem decorados e fixados no coração.

472 – Os grandes ascetas[133] que abandonaram os desejos e puseram de lado as diversões, que controlaram suas mentes e sentidos, conhecendo a Verdade suprema atingem por fim o último estágio da iluminação (*Paranirvāna*) graças à união com *Ātman* (o *Logos*).

COMENTÁRIO – É preciso deixar de lado os desejos e as distrações antes que alcancemos a libertação suprema (*Paranirvāna*). Isso ocorre quando a nossa centelha divina se funde com o Supremo.

473 – Investigando [discernindo] esta suprema Verdade e a natureza de *Ātman* que é repleta de bem-aventurança, desapegando-se da ilusão criada por tua própria mente, torna-te sábio e livre [tu também] e assim alcança a meta.

---

132 Em outras traduções: "Há apenas *Brahman*, o Um sem segundo, a Realidade resplandecente, autoexistente, pura Inteligência, e diferente de qualquer coisa finita; n'Ele não há dualidade alguma". (N.E.)

133 De nobre coração, *sannyāsins* dotados de grande espiritualidade, aqueles que se empenharam pela Realização. (N.E.)

COMENTÁRIO – O glorioso destino que está a nossa espera é o de nos tornarmos sábios e livres. Isso ocorre quando penetramos na essência de *Ātman*.

474 – Com uma mente pura e firme, conhece a natureza de *Ātman* através de uma clara percepção espiritual em *samādhi*. Se a única e real substância for percebida sem qualquer erro, e compreendida, não haverá mais sujeito para duvidar.[134]

COMENTÁRIO – As "águas" da mente têm que ficar tranquilas e deixar que as impurezas decantem para que surja uma clara percepção espiritual. Então não haverá mais lugar para dúvidas.

475 – Ao realizar *Ātman*, que é verdade, sabedoria e bem-aventurança, através da liberdade da conexão com os veículos (*upādhis*) que foi criada pelo laço da ignorância, nem as Escrituras, argumentos, nem o ensinamento de um Guru, de nada adiantarão. Somente as experiências autoadquiridas são de alguma autoridade.[135]

COMENTÁRIO – Aqui Śankara nos dá uma grande abertura ao afirmar que só as experiências autoadquiridas têm valor. Um pensamento muito adotado na nossa época por J. Krishnamurti.

476 – Libertação da escravidão, ansiedade, contentamento, saúde, fome têm que ser experimentados por cada um de nós. O conhecimento derivado dos outros é mera inferência.

COMENTÁRIO – Só importa a vivência. O conhecimento de segunda mão tem pouca importância.

[134] Em outras traduções esta última frase é: "Se as declarações dos *Shrutis*, ouvidas do Guru, são perfeitamente entendidas sem nenhum traço de dúvida, então já não há incertezas". (N.E.)

[135] Em outras traduções: "Quando *Ātman*, que é *Sat-Chit-Ananda*, é realizado pela ruptura de sua conexão com a escravidão de *avidyā*, então as Escrituras, os raciocínios lógicos, as palavras do Guru são as provas, embora a própria experiência direta (*aparokshā*), obtida por alguém através da concentração da mente (em *samādhi*), seja outra prova (decisiva)". (N.E.)

477 – Gurus que pensam da mesma maneira ensinam, como nos *Vedas*, que os instruídos serão salvos somente pela sabedoria derivada de *Īshvara* (o *Logos*).[136]

COMENTÁRIO – Só os que aprenderam através da sabedoria cósmica serão salvos. Todos os outros continuarão irremediavelmente presos no ciclo do processo da evolução, na roda do vir-a-ser (*samsāra*).

478 – Tendo conhecido o indestrutível *Ātman* através da sua própria experiência, alcançando assim a perfeição, deve manter-se em *Ātman* com felicidade e a mente estável [sem dualidade].

COMENTÁRIO – Uma vez produzida no nosso ser a presença inefável de *Ātman*, devemos procurar manter esse estado de suprema felicidade. Para isso é essencial que a nossa mente seja estável como a chama de uma vela que não é tocada pelo vento.

479 – A doutrina Vedanta estabelece que todo o Universo e (todos) os *jīvas* (egos) são somente *Brahman*, que a libertação (*Moksha*) mora na indestrutível essência (que é *Ātman*) e que as Escrituras (*Shrutis*) são a autoridade para a não dualidade de *Brahman*.

COMENTÁRIO – Neste versículo está estabelecida a grande unidade em que estamos imersos. Nela temos as nossas raízes mais profundas. Dela nos vem a sensação de como somos unos com todas as coisas.

480 – Assim compreendendo – através dos ensinamentos do Guru, através da autoridade dos *Shrutis* e através do seu próprio raciocínio – a suprema Verdade, ele (o discípulo), com os órgãos dos sentidos controlados, com a mente composta e o corpo imó-

[136] Em outras traduções: "Os Gurus, assim como os *Shrutis*, instruem o discípulo que permanece distanciado (a instrução recebida é *paroksa*, indireta), enquanto que o homem realizado transpõe (*avidyā*) através da Iluminação (*aparokshā*, a própria experiência direta em *samādhi*), auxiliado pela graça divina". (N.E.)

vel, permanece (durante certo tempo) sintonizado com *Ātman* (absorto em *Ātman*).

COMENTÁRIO – Neste versículo são apresentadas as condições básicas para que se dê a sintonização com *Ātman*.

481/482 – Tendo fixado sua mente durante certo tempo em *Parabrahman*, ele termina a meditação e diz com muito êxtase estas palavras: "através da Realização [da identidade] de *Ātman* com *Brahman* meu raciocínio cessou e a atividade mental desapareceu. Não conheço mais nem isto nem aquilo nem o que é esta bem-aventurança, sua extensão, nem o seu limite.

COMENTÁRIO – Quando ocorre a Realização suprema, a compreensão desaparece bem como toda atividade mental. Só resta a inefável presença da bem-aventurança.

483- A grandeza de *Parabrahman* é como um oceano completamente repleto de néctar de uma realizada bem-aventurança. Não pode ser descrito por palavras, nem concebido pela mente, mas pode ser desfrutado. Assim como uma pedra de gelo caído no mar se dissolve, assim a minha mente se torna imersa mesmo na menor parte deste infinito *Parabrahman*. Agora por fim estou feliz com a bem-aventurança espiritual.

COMENTÁRIO – Tudo cessa diante da presença do Supremo. Palavras, pensamentos, emoções são extintas. Só resta a eterna bem-aventurança.

484 – Onde foi este mundo? Por quem foi ele carregado? Quando [e onde] ele desapareceu? Uma grande maravilha! Aquilo que era percebido agora não mais existe.

COMENTÁRIO – Aquele que se libertou da ignorância vê subitamente o Universo se desfazer diante de si. Daí a perplexidade no versículo anterior.

485 – No grande oceano de *Brahman*, repleto de ambrosia da perfeita bem-aventurança, o que deve ser abandonado ou aceito? Nada mais lá existe, nem há qualquer qualidade distinta.

COMENTÁRIO – Quando mergulhamos e ficamos imersos na bem-aventurança do grande Oceano de *Brahman*, nada mais resta a não ser a inefável Presença.

486 – Aqui neste estado eu não vejo, nem ouço, nem nada conheço. Eu sou diferente de toda outra coisa – *Ātman* é a verdadeira bem-aventurança.[137]

COMENTÁRIO – A identidade com *Ātman* faz dissolver qualquer diferença. Só resta a eterna presença da bem-aventurança.

487 – Eu me inclino diante de ti, Oh Guru, que és bom, livre de apegos, a corporificação do eterno, a bem-aventurança não dual, senhor da Terra, o ilimitado reservatório da compaixão.

COMENTÁRIO – Devemos nos prostrar diante do Guru que é livre de qualquer apego e corporifica o eterno. Dele provém insuperável bem-aventurança e compaixão.

488 – O cansaço produzido pelo calor ardente da mutável existência foi removido ao beber o doce luar de teu olhar resplandecente. Em um instante eu alcancei a imperecível morada de *Ātman*, cuja glória e bem-aventurança são indestrutíveis.

[137] Em outras traduções a segunda frase é: "Simplesmente existo como *Ātman*, a eterna bem-aventurança, distinto de qualquer outra coisa". (N.E.)

COMENTÁRIO – Quando se atinge *Ātman* cessa, por completo, a mutável existência com os seus sofrimentos e contrastes.

489 – Por tua graça eu atingi meu objetivo e estou feliz, estou liberto das garras "do tubarão" da existência mutável [transmigração], por fim conquistei o estado de bem-aventurança e perfeição.

COMENTÁRIO – No momento em que o objetivo final é alcançado, tudo cessa. A mutável existência que nos fez peregrinar incessantemente no ciclo das vidas e mortes é interrompida. Alcançamos, por fim, a bem-aventurança e a perfeição.

490 – Sou sem apegos e sem membros [incorpóreo]. Não possuo sexo [sou livre do corpo sutil] e sou indestrutível. Sou calmo e infindável, imaculado e muito antigo [eterno].

COMENTÁRIO – Neste versículo, usando a técnica da repetição para melhor memorizar, Śankara mais uma vez chama atenção para as características do homem realizado.

491 – Não sou Eu quem age, nem quem desfruta, sou imutável e além da ação. Sou a pura Inteligência, uno e a eterna bem-aventurança.

COMENTÁRIO – Aqui temos a afirmação da imutabilidade da essência profunda de nosso Ser e da sua primordial identidade com uma paz sem limites.

492 – Sou diferente ao que vê, ouve, fala, experimenta, mas sou eterno, constante, sem ação, sem apego e ilimitado, eu sou a Sabedoria que a tudo permeia [a essência do conhecimento].

COMENTÁRIO – Aqui Śankara destaca as características do homem comum que vê, fala e experimenta em contraste com o homem realizado.

493 – Eu não sou isto ou aquilo, mas brilho em ambos e sou puro e supremo. Não estou nem dentro nem fora [sou infinito], mas sou *Brahman* não dual que a tudo permeia.

COMENTÁRIO – Aqui está claramente expressa a nossa profunda identidade com "Aquilo" (Deus, *Brahman*, ou o nome que queiram dar). Na verdade, essa identidade profunda sempre existiu e existirá.

494 – Eu sou *Brahman* não dual que é incomparável, Realidade sem princípio. Desprovido de tais noções como "tu" e "eu", "isto" e "aquilo", sou bem-aventurança eterna e a Verdade.

COMENTÁRIO – Eu sou o eterno, o indefinível, o sem atributos, que em essência é a Realidade e a bem-aventurança.

495 – Sou *Nārāyana*, o destruidor do gigante *Naraka*; sou quem matou *Pura*. Sou *Purusa* e o Senhor, sou a indestrutível Sabedoria e a Testemunha de tudo. Sou desprovido de *Īsvara* e de um 'eu' (*aham* – egoísmo) e estou livre de *mama* (meu, egoísmo).[138]

COMENTÁRIO – Neste versículo Śankara procura mostrar que fundamentalmente não possuímos um "eu" e estamos, do ponto de vista da Realidade última, desprovidos de qualquer egoísmo.

496 – Sendo o suporte interno e externo, somente eu moro em todos os seres como o Ser-Sabedoria. Qualquer coisa percebida antes (da conquista do conhecimento) como sendo diferente, tais

[138] *Nārāyana* é *Vishnu*, que venceu *Naraka*, o poderoso demônio filho da Terra. *Tripura* é o demônio que governa "três cidades" (vigília, sonho e sono profundo, ou os corpos grosseiro, sutil e causal) fundadas, segundo os *Puranas*, por *māyā*, e que foi aniquilado por *Shiva*, tomando assim possível alcançar o quarto estado – *Turiya* – pela realização de *Ātman*. Em outras traduções, a última frase é: "Não tenho outro *Isha* (Senhor, Governante, Lei) além de mim mesmo e sou destituído de 'eu' e 'meu' ".

como o experienciador e a coisa que se experimenta, tudo isso sou Eu apenas.

COMENTÁRIO – Não existe mais qualquer distinção quando atingimos esse estágio. Só a inefável Presença se afirma em todos os momentos.

497 – Em mim, o oceano da indestrutível bem-aventurança, são produzidos e dissolvidos muitos mundos, como ondas, através do rodopiante movimento do furacão (chamado) *māyā*.

COMENTÁRIO – É a ilusão (*māya*) que causa todas as perturbações. É ela que nos tira a percepção do Real.

498 – Tais estados, como o da densidade e outros semelhantes, são imaginados como existindo em mim e a mim atribuídos por pessoas através do erro e da falta de uma clara compreensão, assim como as divisões do tempo em *kalpa* (4,32 bilhões de anos), ano, semestre, *rtu* (um período de dois meses), que são feitas em algo que é indivisível e imutável – o tempo.

COMENTÁRIO – É o erro e a falta de uma clara compreensão que fazem com que dividamos o que é íntegro desde todo o sempre.

499 – Aquilo que é a mim atribuído pelo ignorante, corrompido por muitas transgressões, nunca poderá me corromper,[139] da mesma maneira que uma grande inundação de águas ilusórias (de uma miragem) não poderá umidificar a terra estéril.

COMENTÁRIO – Nada, absolutamente nada, poderá nos atingir, pois em última análise, tudo é ilusório.

[139] Em outras traduções, a primeira parte deste aforismo é: "Aquilo que é sobreposto pelo tolo inteiramente ignorante, nunca poderá macular o substrato;..." As sobreposições nunca podem contaminar o substrato real, que permanece sempre intacto. (N.E.)

500 – Como o espaço [estou além da contaminação], vou além do pensamento (pois a tudo permeio). Como o Sol, sou diferente daquilo que é feito visível por ele. Como uma montanha, sou eternamente imóvel. Como um Oceano, sou ilimitado.

COMENTÁRIO – Novamente, numa repetição de um tema já inúmeras vezes tratado, Śankara nos dá a percepção de uma Realidade transcendente que mora em nós e em todas as coisas.

501 – Não tenho mais conexão com o corpo assim como o céu com a nuvem. Portanto, então, como posso estar sujeito a diferentes estados (corpóreos) tais como a vigília, sonho e sono sem sonhos?

COMENTÁRIO – Aqui surge uma dúvida, nascida de um resto de ignorância, que é difícil de eliminar. Se ainda existirem os estados de vigília, sonho e sono sem sonho, a fusão de *Ātman* (Eu, Espírito, Mônada, Centelha) com *Brahman* ainda não se deu de forma completa. Quando ela ocorre, efetivamente não há mais qualquer estado de consciência. Só a plenitude da fusão.

502 – O veículo (*upādhi*) vem e vai. Ele gera o *karma* e experimenta os efeitos desse *karma*. Só ele envelhece e morre. Mas somente Eu permaneço para sempre imóvel assim como *Kulādri* (uma das sete grandes montanhas).

COMENTÁRIO – Os veículos que revestem *Ātman* são mutáveis. Eles estão sujeitos às leis do tempo e do espaço. E são autorrenováveis graças ao *karma* que os sustém. *Ātman* é imóvel, incontaminado, presença viva de Deus (*Brahman*).

503 – Para mim que sou uniforme e sem partes não existe nem o ir em frente nem para trás [o impulso à ação ou à abstenção]. Como é possível que execute ações Aquele que é o único Ser, firme,

constante e a tudo envolvendo como o espaço?

COMENTÁRIO – No versículo, a expressão "Aquele" significa *Ātman*. Se Ele é uniforme, imóvel, como poderá agir? Esta dúvida decorre do nosso condicionamento à ideia de que ação é por excelência movimento, quando, na realidade, no nível de *Ātman*, devido a Sua onipresença, a ação é instantânea, imediata.

504 – Onde estão os meus méritos e deméritos já que não tenho qualquer sentido, nem mente, nem mudança, nem forma, e experimento uma indestrutível felicidade? Mesmo a Escritura (*Shruti*)[140] assevera que eles [os méritos] não (me) seguem.

COMENTÁRIO – Novamente a dúvida surge, pois é muito difícil ao homem comum transcender ao seu condicionamento. A ideia de méritos e deméritos acumulados origina-se no hábito criado pelo processo do *karma* ao longo de bilhões de anos. Na realidade, quando se trata de *Ātman* em sua essência pura, não há mais qualquer fragmento de condicionamento. E, portanto, as noções de "mérito" e "demérito" estão completamente ultrapassadas, ou melhor, não existem.

505 – Calor ou frio, o bem e o mal ao tocarem numa sombra não podem afetar a pessoa que origina essa sombra, pois ela é completamente distinta dela.

COMENTÁRIO – A imagem revelada neste versículo reforça os conceitos contidos nos de número 503 e 504 ao reafirmar a "intocabilidade" de *Ātman* pelos planos grosseiros.

506 – Assim como os afazeres domésticos não afetam àquele que é firme e despreocupado, como uma lâmpada acesa, assim também as funções do percebido não afetam o Percebedor [*Ātman*],

---

[140] Refere-se à passagem comentada por Śankara do *Brihadāranyaka Upanishad* IV, 3:22. (N.E.)

o qual é diferente dele.[141]

COMENTÁRIO – Quando executamos os nossos "afazeres de casa", isto é, o que nos compete realizar em nossa vida diária, estando plenamente atentos, não seremos afetados por eles.

507 – Assim como a condição de testemunha das ações pertence ao Sol, a propriedade de fundir o ferro pertence ao fogo, e a ideia (da serpente) atribuída à "corda" é associada a ela, a natureza essencial (*Mūlaprakriti*) é a mim relacionada, pois Eu sou o Ser real (*Cidātman*).

COMENTÁRIO – O nosso ser real é *Ātman*. As noções que temos a respeito de nós mesmos são profundamente ilusórias em suas substâncias últimas. O conceito de "eu", "meu" desaparecem quando, vencendo as nuvens espessas da ignorância, brilha *Ātman* que está em nós.

508 – Não sou o agente nem o instigador. Não sou o que experimenta, nem o promotor da experiência, nem vejo, nem sou a causa para que os outros vejam. Mas sou aquele *Ātman* que é autoiluminado e diferente de tudo o mais.

COMENTÁRIO – Neste versículo está claramente estabelecida a condição suprema de *Ātman* em relação a tudo o mais. Ele é o Sol em torno do qual tudo gira.

509 – Quando o *upādhi* (o corpo) está em movimento, o ignorante atribui os reflexos (como o que ocorre na água) do *upādhi* – tais como "eu faço", "eu experimento" "eu estou morto" – ao Ser real que, entretanto, está tão imóvel quanto o Sol.

[141] Em outras traduções: "A Testemunha [*Ātman*] não é afetada pelas propriedades das coisas observadas, por ser distinta delas. É imutável e indiferente – assim como as propriedades de um aposento (não são afetadas) pela lâmpada (que as ilumina)". (N.E.)

COMENTÁRIO – *Ātman* é imóvel, intocado pelo *karma*. Está acima da evolução, pois está livre do processo do vir-a-ser. Os nossos corpos estão em constante vibrações, reflexos de impactos advindos do mundo exterior.

510 – O ignorante move-se na terra ou na água, mas Eu não sou afetado por tais tendências, assim como o espaço não o é pela forma (como a de um pote de barro).

COMENTÁRIO – Os diversos objetos estão contidos e contêm o espaço que, entretanto, não é de forma alguma afetado por eles.

511 – Ação, experiência, perversidade, bondade, ignorância, servidão, liberdade etc. são criações da mente [*buddhi*], mas na realidade elas não existem em *Parabrahman* que é Um e não dual.

COMENTÁRIO – A mente humana está povoada de nuvens que se formam a todos os instantes, perduram durante algum tempo e esvanecem dando lugar a outras nuvens. O Absoluto é como o céu sem nuvens, puro, incontaminado, sereno, autossuficiente.

512 – Pode haver dez, uma centena, ou milhares de modificações de *prakriti* (Natureza), mas assim como a massa de nuvens não afeta o céu, essas alterações não me afetam, pois a minha natureza é totalmente desapegada.

COMENTÁRIO – O desapego total, a ausência de qualquer desejo em qualquer nível de consciência é a característica daqueles onde *Ātman* (o Espírito) brilha como um Sol sem nuvens.

513 – Sou aquele *Brahman* que é como o espaço sutil, não dual, sem começo e sem fim e no qual todo o Universo, do imanifestado até a matéria mais grosseira, é conhecido como sendo uma mera sombra.

COMENTÁRIO – Aqui temos mais uma variação ao tema que permeia todo o texto: todas as coisas visíveis ou invisíveis, tudo enfim que existe no Universo é como se fossem meras aparências, sombras fugidias.

514 – Sou aquele *Brahman*, não dual que suporta e ilumina tudo, que está presente em todas as formas, e que tudo permeia, vazio de tudo, eterno, puro, imóvel e não sujeito a qualquer mudança.

515 – Sou aquele *Brahman* não dual que é verdade, conhecimento e bem-aventurança, que é uniforme e que pode somente ser atingido através do conhecimento e no qual todas as existências fenomênicas terminam.[142]

COMENTÁRIO – Verdade, conhecimento e bem-aventurança são características de *Brahman* (Deus, Absoluto) e nele dissolvem-se todas as existências fenomênicas.

516 – Sou sem ação, imutável, indivisível, sem forma. Não estou sujeito a qualquer mudança, sou [absoluto,] eterno, não dual e não dependo de outro.

517 – Tudo permeio, sou universal e tudo transcendo. Não sou dual, sou conhecimento indestrutível e eterna bem-aventurança.

COMENTÁRIO – Os dois versículos citados reforçam a ideia de plenitude e abrangência já mencionados nos anteriores.

518 – Oh Guru, esta supremacia sobre o Céu e a Terra é por mim atingida graças a tua compaixão e ao teu imenso e estimado auxílio. Eu me prosterno diante de Ti inúmeras vezes, Oh Ser de

[142] Em outras traduções: "Aquilo que transcende as infinitas diferenciações de *māyā*, que é a essência interior de tudo, que está fora do alcance da consciência, que é da natureza da verdade, conhecimento e bem-aventurança infinita, de fato, este *Brahman*, o Um sem segundo, sou Eu". (N.E.)

Grande Alma (*Mahātma*).

COMENTÁRIO – Aqui temos o agradecimento ao Instrutor. Graças a Ele, as portas da consciência foram abertas.

519 – Oh Guru, que com tua grande compaixão me despertaste do profundo sono (da ignorância); tu me salvaste da peregrinação na floresta de sonho do nascimento, velhice e morte, criada pela ilusão (*māyā*), diariamente atormentado por múltiplas aflições e aterrorizado pelo "tigre" do egoísmo.

520 – Oh Guru, eu me prosterno diante de ti que és somente a verdade, que possuis o esplendor da sabedoria que brilha na forma do Universo".[143]

521 – Observando o discípulo, o melhor da sua classe, que adquiriu a verdade e alcançou a felicidade espiritual em *samādhi*, o *Mahātmā*, senhor dos Gurus, grandemente satisfeito, pronunciou estas nobres palavras:

522 – "O Universo é uma expansão da sua ideia em *Brahman*, por isso somente *Brahman* é Real. Percebe *Brahman* em todas as partes e em todos estados através da visão espiritual e com uma mente quieta. Que forma poderá ser percebida em todas as partes por aquele que tem olhos? De maneira semelhante, o que além da Realidade pode recriar a mente de alguém que conhece *Brahman*.[144]

[143] Em outras traduções: "Saudações a Ti, Oh Príncipe dos Instrutores, de indefinível grandiosidade, que é sempre o mesmo, e que se manifesta como todo este Universo – a Ti eu saúdo". Aqui se encerra o relato final do discípulo (iniciado no aforismo n.º 482). (N.E.)

[144] Em outras traduções: "Este Universo é uma série inquebrantável de percepções de *Brahman*, assim, em todos os sentidos, não é outro além de *Brahman*. Sob todas as circunstâncias, olhe isso com a visão iluminada e com a mente serena. E possível para aquele que se apoia em seus próprios olhos ver alguma outra coisa em torno de si além de formas? Do mesmo modo, salvo

COMENTÁRIO – Só *Brahman* é Real. Tudo mais é ilusão fenomênica produzida pela ignorância que nos envolve. A mente daquele que O conhece só pode perceber o Real.

523 – Que homem sábio, renunciando à satisfação da suprema bem-aventurança, irá se deliciar com coisas irreais? Quem quererá olhar para a Lua num quadro enquanto ela está maravilhosa, brilhando intensamente no céu?

COMENTÁRIO – O objetivo das perguntas é o de despertar em nós a inutilidade de buscarmos coisas irreais, deixando de lado o Eterno.

524 – No prazer das coisas irreais não encontramos nem contentamento nem a destruição do sofrimento. Permanece, portanto, contente com a plenitude da bem-aventurança não dual e feliz com devoção a *Ātman*.

COMENTÁRIO – Desconsidera o prazer advindo do contato com as coisas irreais, pois daí não nascerá a destruição do sofrimento. Só a bem-aventurança que surge da fusão da criatura com o Criador é real. Tudo mais é ilusório.

525 – Oh tu dotado de uma mente elevada, permanece todo tempo na percepção do Real que está em todas as partes, refletindo no teu Ser não dual, e realiza a verdadeira bem-aventurança.

COMENTÁRIO – Aquele que conseguiu elevar a sua mente fazendo-a vibrar em ressonância com a mais elevada consciência deve permanecer em todos os momentos em sintonia com o Real. Essa mente é como um espelho sem máculas, perfeito, pronto a ser um canal onde possa fluir a verdadeira e única bem-aventurança.

Brahman, o que há para engajar o intelecto do homem realizado?" (N.E.)

526 – Atribuir mutabilidade a *Ātman*, que é indestrutível sabedoria e imutável, é como tentar construir um castelo no ar. Portanto, sempre alcance a grande paz através de *Atman*, que está pleno de bem-aventurança não dual, e permaneça silencioso.

COMENTÁRIO – Não há outro caminho para alcançar a bem-aventurança infinita que não seja o de *Ātman* – aquilo que está no nosso centro e brilha como um Sol em todos os momentos. Quando as nuvens da ignorância forem dissipadas Ele aparece.

527 – O estado de serenidade da mente, a qual é a fonte de modificações e falsas concepções, é chamado de grande paz. Nesse estado o *Mahātmā* que conhece *Brahman* experimenta uma perene e não dual bem-aventurança através de *Ātman* que é *Parabrahman*.

COMENTÁRIO – Quando a mente se liberta das constantes ondas (modificações) e das falsas ideias que a atormentam, podemos alcançar a grande paz. É o estado em que o homem comum transmuta-se em sábio e pode gozar a eterna bem-aventurança.

528 – Para aquele que conhece a natureza de *Ātman* e que experimenta a bem-aventurança, nada mais existe a não ser o silêncio [que surge do estado de] vazio do desejo [*vāsanā*], causando a maior felicidade.

COMENTÁRIO – Aquele que alcançou as culminâncias do seu Ser é uma fonte de felicidade para todos os seres. A paz que flui em seu interior irradia-se para o mundo nos quatro quadrantes.

529 – O homem sábio, que se deleita em *Ātman* e que sempre se mantém silencioso (*muni*), utiliza seu tempo à vontade, quer

esteja movendo-se, de pé, sentado ou deitado.

COMENTÁRIO – O sábio não precisa falar. O seu silêncio diz tudo o que as palavras não alcançam. Basta a sua presença para que a paz que ultrapassa o intelecto possa se manifestar plenamente.

530 – Para o *Mahātmā* que plenamente atingiu a Verdade não há espaço ou local, tempo, sentar numa particular postura, direção [para estar voltado], autocontrole [ou disciplina moral] etc., nem qualquer necessidade de um objeto como referência para causar a cessação da atividade mental. Quando conhecemos o nosso Ser, que utilidade poderão ter essas condições de autocontrole?

COMENTÁRIO – Aqueles que "viram" o Real e o vivenciaram não precisam mais de técnicas como aquelas destinadas aos iniciantes na senda espiritual.

531 – Será necessário algum autocontrole para perceber que isto é um pote? Um objeto não pode ser conhecido sem sólidas provas.[145]

COMENTÁRIO – Para conhecer algo, seja um objeto, um problema ou qualquer outra coisa, temos que penetrar na sua essência. Não é a mera visão superficial que faz com que o conheçamos. Conhecer é penetrar na essência da coisa observada, tornar-se uno com ela. Para isso é indispensável a plena atenção da qual Sidharta Gautama, o Buda, tanto falou. Ela nos dá a compreensão que é o primeiro degrau na senda óctupla estabelecida por Ele.

532/533 – O fato de que *Ātman* é sempre perfeito torna-se cla-

[145] Outras traduções fazem alusão à necessidade de que os órgãos dos sentidos (as condições do meio de conhecimento) estejam em perfeitas condições para que a cognição do objeto possa se dar de forma correta. Não aludem nem ao autocontrole nem a provas. (N.E.)

ro através de provas. Nem o espaço, nem o tempo, nem a pureza são necessários para essas provas.[146] Para saber que sou Devadatta não necessito de nada mais. (Sabemos o nosso nome sem precisar de esperar por qualquer prova.) De maneira similar, para aquele que conhece *Brahman*, nada mais é necessário conhecer, pois é *Brahman*.[147]

COMENTÁRIO – Quando o Absoluto é atingido, não há qualquer necessidade de provas. Elas são absolutamente inúteis. A vivência, a experiência direta da Realidade última é mais do que suficiente.

534 – Como na verdade pode aquilo que não é *Ātman*, irreal e insignificante, iluminar a Ele (*Ātman*) cuja radiação, tal como a do Sol, faz brilhar todo o Universo?

535 – O que na verdade pode iluminar o Conhecedor por quem os *Vedas*, *Shāstras*, *Purānas* e todos os seres foram tornados significantes?

COMENTÁRIO – Diante do brilho do Sol todas as luzes se apagam. O mesmo ocorre quando surge em nós o brilho supremo de *Ātman*. Os textos clássicos citados abrem-se diante dos nossos olhos, revelando os segredos que serão alcançados por aqueles em quem *Ātman* brilhar intensamente.

536 – Conhecendo somente este *Ātman*, que é autorrefulgente, poder infinito, todo conhecimento e imensurável, o indivíduo torna-se liberto do grilhão (da mutável existência). Este conhecedor de *Brahman* é o melhor entre os melhores.[148]

---

[146] Em outras traduções: "Assim este *Ātman*, que é Verdade eterna, manifesta a Si mesmo em presença dos retos meios do conhecimento (a Realização, para a qual servem de auxílio a percepção direta, a inferência etc.), e independe de qualquer local, tempo ou purificação". (N.E.)

[147] Vide *Svetāsvatara Upanishad* VI, 14. (N.E.)

[148] Em outras traduções: "Aqui está o autorrefulgente *Ātman*, de infinito poder, além de todo conhecimento condicionado e contudo experiência comum a todos. Livre da escravidão,

COMENTÁRIO – Quando a plenitude de *Ātman* é revelada na criatura, todas as amarras que a prendiam ao infindável processo do vir-a-ser são rompidos.

537 – Ele não mais é afligido, nem se delicia com os objetos dos sentidos, nem se torna a eles apegado ou os considera como sendo estranhos. Estando sempre contente, desfrutando a bem-aventurança, eles e diverte e se deleita em si mesmo.[149]

COMENTÁRIO – Neste versículo Śankara mostra que o ser liberto continua a viver no mundo, não se deixando atrair pelos objetos do desejo e nem também os repelindo. Eles (esses objetos) continuam a existir sem exercer entretanto qualquer influência no sábio.

538 – Assim como uma criança, enquanto se distrai com um brinquedo, ignora a fome e a dor corporal, o homem sábio, renunciando ao egoísmo e sentido de posse, é feliz, delicia-se em si mesmo.[150]

COMENTÁRIO – O sábio não é atingido por coisa alguma. Constantemente está entregue à bem-aventurança que o possui integralmente.

539 – Os sábios estão livres da ansiedade, comem o alimento que provém das esmolas sem qualquer atitude agressiva para obtê-lo. Eles bebem água de um rio, vivem independentes e livres. Sem medo, dormem num cemitério ou na floresta; as suas roupas são as regiões do espaço, que não necessitam lavagem ou secagem. Seus leitos são a terra, os seus caminhos acompanham as estradas da Vedanta e sua recreação está em *Parabrahman.*

COMENTÁRIO – Aquele em que *Paramātman* refulge está completa-

realizando só isto, o incomparável (o melhor entre os melhores) conhecedor de *Brahman* vive sua vida gloriosa". (N.E.)

149 Compare com *Bhagavad-Gitā* XIV, 22-25. Editora Teosófica, 2011 (N.E.)

150 Em outras traduções, a parte final deste aforismo é: "...da mesma forma faz o homem realizado, encontrando satisfação na Realidade, é feliz, destituído das ideias de 'eu' ou 'meu' ". (N.E.)

mente liberto de todas as coisas que escravizam. Continua a viver no mundo porque ainda lhe resta um *karma* residual que será extinto no momento da morte. E então só a Paz suprema reinará sem obstáculos.

540 – O conhecedor de *Ātman* não é apegado a coisas externas, suas características não são perceptíveis [não tem nenhuma marca externa que o identifique], repousa no corpo como em uma carruagem, desfrutando todos os objetos que o rodeiam [na forma como se apresentam ou] através dos desejos de outros, assim como faz uma criança.

COMENTÁRIO – A criança é atraída por todos os objetos e com eles se distrai. A sua alegria é constante, pois está em paz consigo e com todas as coisas.

541 – Aquele que é "vestido" com a sabedoria [que está estabelecido no plano do conhecimento absoluto], quer ele vista roupas ou esteja "vestido com as regiões do espaço" (nu), ou envergue uma pele, erra pela terra como uma pessoa insana, como uma criança ou como um fantasma.

COMENTÁRIO – O sábio não se prende a moradias, nem cria raízes onde se encontra. Ele é como o vento que sopra e passa sem se fixar. É um eterno peregrino. Convém perceber, neste versículo, que podemos ser homens socialmente presos a uma estrutura, mas, na realidade, somos, e poderemos vir-a-ser, verdadeiramente livres, tal qual o sábio.

542 – O asceta, livre das ideias de desejos, sempre autossatisfeito [porque] mora em *Ātman* que tudo permeia, peregrina sozinho ["desfrutando" os objetos dos sentidos].

COMENTÁRIO – O asceta, apesar de preso aparentemente a convenções e às leis, está liberto delas. Permanece intocado, assim como o lótus pelas águas.

543 – O homem sábio comporta-se às vezes como um ignorante e outras como um letrado; às vezes é tão digno como um grande rei, e outras age como um lunático [perambulando]; certas ocasiões é gentil [expressão bondosa], e em outras seu comportamento é visto como o de uma serpente [imóvel]. Aqui é respeitado, lá desrespeitado, e não é conhecido em nenhuma parte, assim vive feliz na suprema e eterna bem-aventurança [em estado de Sabedoria].

COMENTÁRIO – O sábio é imprevisível. No Zen Budismo são inúmeras as estórias do curioso comportamento dos Mestres em relação aos seus discípulos. Elas estão repletas de "gritos e bastonadas" Tudo isso é feito com profundo amor para despertar os que estão "adormecidos".

544 – Embora pobre, está sempre contente. Embora destituído de todos os bens materiais, é muito poderoso. Embora não se alimentando [experimentando os objetos sensoriais], está sempre satisfeito. Embora sem ter ninguém que seja igual a ele, a sua atitude é igual para com todos.

COMENTÁRIO – O homem sábio, o asceta, é feliz com o que tem pois nada deseja. Agradece tudo que recebe. Está sempre pronto a dar a sua compaixão e sabedoria para todos que dele se aproximam. É uma imagem de perfeito equilíbrio.

545 – Embora agindo, ele não é ator; embora recebendo os efeitos, não é ele que os usufrui; embora possuindo corpo, ele é incorpóreo; embora confinado num corpo [parecendo limitado], ele tudo envolve.

COMENTÁRIO – O homem realizado está completamente desprendido dos efeitos que produz. Ele se entrega totalmente, e sua experiência se irradia para todos os quadrantes. Todas as coisas estão, de certa forma, por ele envolvidas.

546 – O gostar e o não gostar, o bem e o mal, não produzem qualquer efeito no conhecedor de *Brahman*, que é incorpóreo e sempre existente.

COMENTÁRIO – O sábio, o liberto, o iluminado, o asceta está acima de qualquer dualidade, pois esta é fruto da ignorância (*avidyā*) e da ilusão (*māyā*). Ao alcançar esse estágio de superconsciência ele existe para sempre. Não está, portanto, mais sujeito às eternas repetições de vidas sucessivas.

547 – Felicidade e miséria, bem e mal, pertencem ao que é apegado a objetos densos (grosseiros) e que se refere a eles como se pertencessem a si mesmo. Onde está o bem e o mal ou seus efeitos para o asceta (*muni*) que cortou subitamente todos os seus elos e se tornou no real *Ātman*?

COMENTÁRIO – O asceta não mais depende dos objetos dos sentidos, pois eliminou todos os elos que o prendiam a eles. Ele paira acima da dualidade.

548/549 – O Sol parece ter sido absorvido pelas trevas (durante um eclipse), embora isso de fato não ocorra. Mas as pessoas, que através da ilusão não compreendem a natureza disso, dizem que o Sol foi "engolido". Assim o faz o ignorante, quando, ao ver o corpo "ilusório" de alguém que conhece *Brahman* e que está livre dos grilhões do corpo, considera-o como preso ao corpo [mas isso é mera aparência].

COMENTÁRIO – O asceta, apesar de ainda possuir um corpo, não está mais a ele escravizado, nem a coisa alguma. Ele vive em um estado de consciência onde não existe o isto e aquilo.

550 – Como o deslizar irregular de uma serpente, movendo-se para aqui e ali no seu último suspiro, o conhecedor de *Brahman* permanece liberto do corpo.[151]

COMENTÁRIO – O ser que alcançou a libertação, apesar de ainda viver no plano físico, está totalmente liberto do seu corpo. É apenas a morada onde temporariamente vive.

551 – Assim como um pedaço de madeira é levado a diferentes lugares por uma correnteza, o mesmo ocorre em relação ao corpo que é conduzido pelo *daiva* (*karma*) às experiências [no seu devido curso].[152]

COMENTÁRIO – A força do *karma* nos impele a diferentes situações. Algumas agradáveis, outras desagradáveis. Enquanto os nossos corpos não estiverem pacificados, estamos inteiramente à mercê do *karma*.

552 – Aquele que está liberto do corpo e que alcançou a Perfeição permanece entre os divertimentos sensórios como um homem mundano [que é sujeito à transmigração] repleto de desejos engendrados pelo *karma* passado [*prārabdha*]. Entretanto, ele vive tranquilo [no corpo] como um espectador, livre dos desejos e mudanças [oscilações mentais], como o centro de uma roda.

COMENTÁRIO – Quando o estágio da perfeição acontece e a superconsciência é revelada na criatura, a alegria é perene, pois não há mais sombras, nem obstáculos, só a presença do Eterno revelada.

553 – Ele não mais aplica os seus sentidos aos objetos, nem os

[151] Em outras traduções: "Na realidade, o homem liberado descansa, seu corpo é descartado como a pele de uma serpente; ele é movido para cá e para lá através da força do *prāna*, pelo caminho que Ele quiser". Descartado aqui significa cessar a identificação de si mesmo com o corpo. Faz referência ao *Brihadāranyaka Upanishad* IV, 4:7. (N.E.)

[152] O corpo de um homem perfeito é conduzido e guiado por *daiva* – a corrente geral da vida. As direções de suas ações são determinadas pela *vāsanā* total de todas as coisas. Assim, seu corpo se move de acordo com o tempo em que o *prārabdha karma* se manifesta. (N.E.)

remove deles, mas permanece como um mero espectador. Aquele cuja mente está embriagada pelo elixir da bem-aventurança [de *Ātman*] não mais presta atenção ao efeito *kármico*.

COMENTÁRIO – O plenamente desperto não mais se prende à coisa alguma, pois para ele o *karma*, apesar de existir residualmente, não mais o perturba.

554 – Aquele que conhece *Brahman*, renunciando a procura do visível e do invisível, mora somente em *Ātman* e é evidentemente Ele próprio.[153]

COMENTÁRIO – Só atingimos o nosso centro, o nosso real Ser, quando nos unimos ao Absoluto (*Brahman*).

555 – O conhecedor de *Brahman* que alcançou a meta está sempre livre, embora viva no mundo. Quando ocorre a destruição dos *upādhis* ele, sendo somente *Brahman*, atinge *Brahman* não dual.

COMENTÁRIO – Quando acontece a fusão de *Ātman* individual com *Brahman* (Absoluto, Deus), o ser humano se libera ao alcançar Aquilo que está acima dos conceitos e da dualidade.

556 – Assim como um homem é sempre um homem, mesmo quando desempenha nos dramas teatrais um papel feminino, assim aquele que conhece *Brahman* e é Perfeito é sempre *Brahman* e nunca um outro.

COMENTÁRIO – Quando a gota de água se mistura ao Oceano, ela se torna parte dele. É indistinta, pois não existe mais a separação.

---

[153] Em outras traduções: "Aquele que renunciou a toda ansiedade por atingir a meta e para não desviar-se dela (que não se perde em considerações se tal ou outro objeto de meditação é apropriado), e vive como *Ātman* absoluto, verdadeiramente é o próprio *Shiva*, ele é o melhor entre os conhecedores de *Brahman*". (N.E.)

557 – O que ocorre para um asceta que se tornou em *Brahman* se o seu corpo, já queimado pelo fogo da sabedoria, cai em qualquer lugar assim como uma folha seca de uma árvore? (Ele não se importa com o que aconteceu ao seu corpo ou onde ele será colocado na ocasião).

COMENTÁRIO – O indivíduo que alcançou a libertação não se importa mais (como um homem mundano) com o seu corpo. Ele é, como diz o versículo, apenas uma folha seca que se desprendeu da árvore quando chegou o seu momento de cair.

558 – O *muni* [sábio] que mora sempre em *Ātman* que tudo permeia, que está pleno da bem-aventurança não dual e é *Parabrahman*, não espera o lugar adequado, nem o tempo etc. para arremessar fora este conjunto de pele, carne e impurezas.

COMENTÁRIO – O ser realizado (*muni*) não mais necessita de aguardar o tempo para se libertar dos seus corpos. Ele pode "despir-se" quando quiser sem precisar esperar que o *karma* o faça.

559 – Não é o abandono do corpo, nem do bastão, nem da tigela para água usada pelos ascetas, que é a libertação (*Moksha*). *Moksha* é a felicidade que resulta quando desfazemos o nó da ignorância que mora no coração.

560 – Que efeito benéfico ou maléfico há para uma árvore se sua folha cai num canal ou rio, num lugar sagrado, ou numa encruzilhada onde as quatro direções se encontram?

COMENTÁRIO – O corpo é como uma folha que irá cair quando chegar o momento em que ele não pode mais se sustentar. O versículo ressalta que não importa o local onde isso irá ocorrer.

561 – A destruição do corpo, sentidos, vitalidade [*prāna*] e intelecto é igual ao que ocorre com uma folha, flor ou fruto. Mas não há destruição para *Ātman* cuja essência é Verdade e que é a corporificação da bem-aventurança. Ele permanece como a árvore.

COMENTÁRIO – Quando as folhas, flores ou frutos desaparecem, a árvore permanece. O mesmo ocorre com o nosso Ser real (*Ātman*).

562 – A verdadeira característica de *Ātman* é ser pleno de sabedoria. Tem sido dito repetidamente que só os *upādhis* são destruídos.[154]

COMENTÁRIO – Só os diversos corpos que compõem o ser são destruídos. O centro em torno do qual eles gravitam é eterno. É a ignorância que faz ver a morte como sendo o fim de tudo.

563 – A Escritura (*Shruti*) afirma a indestrutibilidade de *Ātman* quando as modificações são destruídas. "Veja! *Ātman* é indestrutível!"

COMENTÁRIO – O Ser real (*Ātman*) permanece acima de todas as eventualidades. Ele é eterno, infinito, plena bem-aventurança. Os aforismos sucessivos do *Viveka Chūdāmani* (*A Joia Suprema da Sabedoria*), que está agora em tuas mãos, repetem incansavelmente esse refrão.

564 – Assim como, quando queimados, uma pedra, uma árvore, o capim, um corpo, um pano etc., tornam-se somente terra (cinzas), assim ocorre com todo o Universo visível – o corpo, sentidos, vitalidade, mente etc. – que quando queimados pelo fogo da sabedoria atingem [ou se reduzem] a condição de *Paramātman*.

COMENTÁRIO – Tu és pó e ao pó retornarás dizem as inscrições em

[154] Neste e no próximo aforismo são referidas passagens do *Brihadāranyaka Upanishad* IV, 5:13 e 14. Em outras traduções: "Os *Shrutis*, ao proclamar a verdadeira natureza de *Ātman* nas palavras: 'a incorporação da consciência (conhecimento)...', estabelecendo Sua realidade, mencionam apenas a destruição das aparentes limitações". (N.E.)

muitos cemitérios. É algo para lembrar a transitoriedade da vida e a necessidade de que nos voltemos para o Eterno. Só ele é imortal.

565 – Assim como as trevas são diferentes da luz e desaparecem quando banhadas pela luz do Sol, assim todo o Universo visível torna-se mergulhado em *Brahman*.

COMENTÁRIO – No seio de *Brahman* não há mais distinções. Todas as coisas Nele se fundem.

566 – Assim como o espaço (limitado pela forma) torna-se [o ilimitado espaço] evidente quando se dá a destruição dessa forma, assim o conhecedor de *Brahman* torna-se *Brahman* quando se dá a destruição dos *upādhis*.

567 – Assim como quando misturado o leite torna-se uno com o leite, o óleo com o óleo, a água com a água, assim ocorre com o asceta quando conhece *Ātman* e torna-se uno com Ele.[155]

COMENTÁRIO – Os exemplos dados servem para reforçar o conceito da grande unidade em que estamos mergulhados e da qual não temos consciência.

568 – Assim o asceta, renunciando ao corpo, atinge *mukti* (a libertação), que é apenas existência, indestrutível, o estado no qual é *Brahman* e não mais retorna.[156]

COMENTÁRIO – O asceta quando atinge a libertação (*mukti*) não mais retorna. Está definitivamente livre do processo do vir-a-ser.

---

[155] Compare com *Katha Upanishad* IV, 15 e *Mundaka Upanishad* III, 2:8. (N.E.)

[156] Em outras traduções: "Tendo assim experimentado a exclusão (isolamento total) como um resultado de estar desapegado (desembaraçado) do corpo, e tornando-se para sempre identificado com a Realidade absoluta, *Brahman*, o sábio não mais sofre a transmigração". (N.E.)

569 – Onde está o renascer para aquele que se tornou o próprio *Brahman*, e cujo corpo etc. [grosseiro, sutil e causal], originados na ignorância, foram queimados pelo fogo da sabedoria devido à união com *Ātman* [identidade de *jīva* e *Brahman*] que é Existência?

COMENTÁRIO – O nascimento e as inevitáveis mortes desaparecem quando o asceta atingiu a união com *Ātman*.

570 – Servidão e libertação criados por *māyā* (ilusão) em realidade não existem em *Ātman*, assim como (a ideia do) aparecimento e desaparecimento da serpente não existem ao conhecermos verdadeiramente que a corda não é uma serpente.

571 – Servidão e libertação existem graças à existência e à não existência de *āvriti* (energia veladora que a tudo envolve). Não existe em *Brahman* tal energia [véu]. "Aquilo" (*Brahman*) não é por nada abrangido. Se existisse algo mais, então, a não dualidade seria contestada. Mas a Escritura não admite a dualidade.[157]

COMENTÁRIO – Além de *Brahman* nada existe. Só a pura existência eterna e incontaminada percebida no coração dos que moram no Eterno e em nenhum momento Dele se afastam.

572 – A servidão e libertação são na verdade falsas. Assim como as nuvens ocultam o Sol, da mesma forma o ignorante impõe os atributos da mente [*buddhi*] à Realidade, quando, na verdade, essa "substância" [*Brahman*] é indestrutível, não dual, sem apegos, e é Sabedoria.

COMENTÁRIO – É a ignorância do verdadeiro Ser (*Ātman*) que produz a

[157] Veja-se, por exemplo, *Chāndogya* VI, *Katha* IV e outros *Upanishads*. (N.E.)

ideia da libertação e servidão. Na realidade somos livres desde todo o sempre.

573 – A crença na existência da escravidão e a descrença na sua existência são [do ponto de vista da Realidade] somente atributos de *buddhi* e não a eterna "substância" [*Brahman*].

COMENTÁRIO – A eterna substância está além da crença ou da descrença na sua existência. Estas são apenas produtos da mente sempre ávida em dividir a Realidade única.

574 – Portanto essas duas, a servidão e a libertação, são criadas por *māyā* (a ilusão) e não existem em *Ātman*. Como pode então algo [limitante] ser atribuído à suprema Verdade, que como o espaço, é indivisível, sem ação, calma, irrefutável, imaculada e sem um segundo?

575 – A mais elevada Verdade é que não existe nem restrição [morte], nem nascimento, nem servidão, nem um adepto[158] (para auxiliar um discípulo), nem alguém desejoso de libertar-se, nem o liberto.

COMENTÁRIO – Quando mergulhamos no Absoluto, tudo mais deixa de existir. Ideias tais como a da libertação ou servidão não têm mais lugar no Eterno.

576 – A suprema e a mais misteriosa doutrina contida nos *Vedas* é agora revelada a ti. Expõe essa doutrina a alguém cuja mente está livre de desejos, cujas tendências viciosas se esvaneceram, e que aspira pela libertação, e faça com que ele reflita no que te foi revelado".[159]

---

[158] Em outras traduções: "... nem uma ligadura, nem um que é esforçado (na prática espiritual)...". (N.E.)

[159] Em outras traduções: "Eu revelei hoje para ti, repetidamente, como se fosse para meu próprio filho, este supremo e profundo segredo (*viveka*, o discernimento entre o Real e o irreal ou também, a libertação dos desejos, das impurezas, de *vāsanā*), que é o mais secreto propósito da Vedanta, o cume dos *Vedas* – considerando-te como um aspirante à libertação, que eliminou as máculas desta Idade das Trevas e que tem a mente livre de desejos". Aqui termina a exortação do Guru (iniciada no aforismo n° 522). (N.E.)

COMENTÁRIO – A revelação é a queda final da venda que impedia a visão da Realidade suprema. Auxilia os autênticos, os que aspiram àquilo que agora alcançastes graças a compaixão do Guru.

577 – Tendo assim ouvido os ensinamentos do Guru, o discípulo saúda-o respeitosamente; então, liberto da escravidão, com a permissão do Guru, vai embora.

COMENTÁRIO – O agradecimento final é indispensável, pois acabamos de nos libertar das malhas das existências continuadas devido ao *karma*. Podemos agora seguir o nosso caminho.

578 – O Guru, cuja mente está mergulhada no oceano da real [existência e] bem-aventurança, continua incessantemente a se movimentar purificando todo o mundo.

COMENTÁRIO – Os verdadeiros Gurus, os Mestres de Sabedoria, são instrumentos para a purificação do mundo, uma vez que evolvam o perfume da libertação aos quatro quadrantes.

579 – Assim, na forma de um diálogo entre o Guru e o discípulo, é revelada a natureza de *Ātman*, de forma a permitir que os que aspiram à libertação possam alcançar o conhecimento mais facilmente.

COMENTÁRIO – *A Joia Suprema da Sabedoria* é um texto que auxilia o verdadeiro aspirante da vida espiritual a atingir a libertação.

580 – Possam aqueles ascetas que aspiram à libertação e que se deliciaram nos textos sagrados (*Shrutis*), que já renunciaram aos prazeres do mundo e que expurgaram todos os vícios dos seus corações assim desfrutados, e cujas mentes estão subjugadas, respeitar estes saudáveis ensinamentos!

581 – Estas palavras de Śankara, que asseguram o Nirvana, ultrapassam todas as outras e apontam o oceano de néctar que está ao nosso alcance, do não dual *Brahman* que dá felicidade àqueles que sofrem de fadiga e sede causadas pelos raios do Sol da [tríplice] miséria[160] na estrada da mutável existência, peregrinando numa região árida à procura de água.

(Assim termina *A Joia Suprema da Sabedoria,* de Sri Śankaracharya, discípulo de Sri Govinda Bhagavatpada)[161]

[160] A miséria que sofre o ser humano neste mundo pode ser de três tipos: *ādhyātmika* – os sofrimentos que afetam o corpo e a mente (como angústia, dor, inquietação etc.); *ādhidaivika* – são os sofrimentos provenientes da Natureza, meio ambiente (como terremotos, inundações, frio etc.); e *ādhibhautika* – dificuldades infringidas a nós por outros seres sobre a Terra, sejam animais ou nossos semelhantes etc. (como problemas de sobrevivência, de convivência, de lutas etc.). (N.E.)

[161] Que por sua vez era discípulo de Gaudapada, o comentador do *Māndukya Upanishad.* (N.E.)

Comentário Final

A redescoberta do agora
é uma viagem ao território sem margens,
nem caminhos,
nele os passos se esvanecem,
na areia movediça das ilusões perdidas,
e não há pegadas,
porque não há amanhã.
Não há marcas,
pois não há registros.
Só o espaço livre, e puro, de oportunidade
sempre presente revelada.
Os olhos inocentes olham sem ver.
Porque ver significa um objeto refletido,
onde existe o "observador" e a coisa "observada",
o olho e o objeto,
e um mundo de ideias inexistentes entre os dois.
A visão pura é sem marcas,
é a ligação com a essência da coisa vista
onde um canal se estabelece
acabando com as ilusões do "eu" e do "outro".
Há só uma fluência,
um frêmito de calor, de afeto, de amor.
Uma flor cai na floresta
e pousa suavemente sobre outras folhas mortas,
e todos morrem um pouco nesse instante.
Um riso espontâneo nasce e
todos riem na explosão de alegria pura,
sem fronteiras.
O olho não separa,
não limita,
é o que é, e sempre será,
pois não admite distinções nem profundezas.
É abismo, é infinito,
nele todos os "aqui",
todos os "agora" se perdem
na serena contemplação do "sendo"!

Informações sobre Teosofia e o Caminho Espiritual podem ser obtidas na Sociedade Teosófica no Brasil no seguinte endereço: SGAS - Quadra 603, Conj. E, s/nº, CEP 70.200-630 Brasília, DF. O telefone é (61) 3226-0662. Também podem ser feitos contatos pelo telefax (61) 3226-3703 ou e-mail: st@sociedadeteosofica.org.br - www.sociedadeteosofica.org.br.